中国歴史紀行

史跡をめぐる五万キロの旅

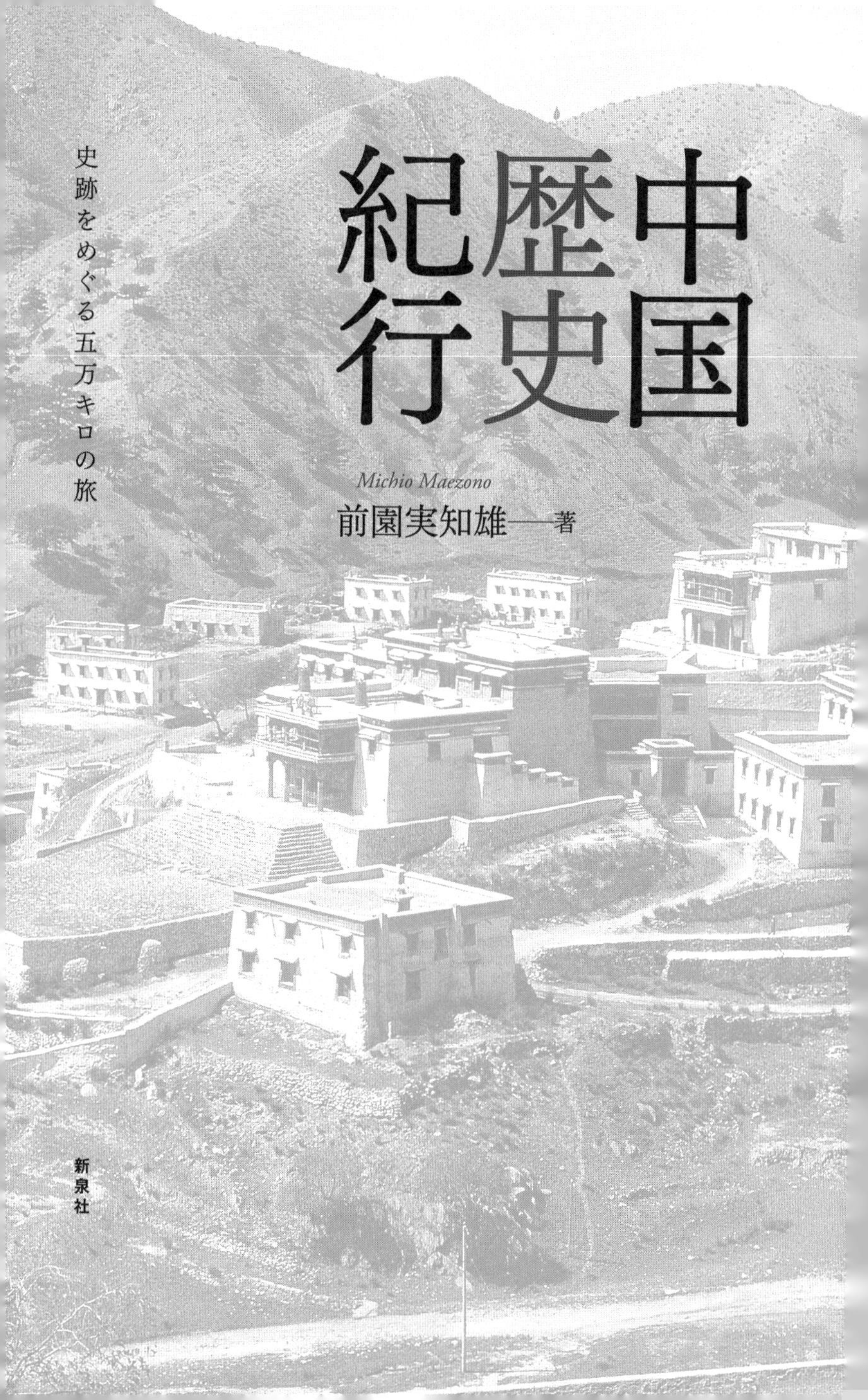

Michio Maezono

前園実知雄——著

新泉社

はじめに

一九七二年（昭和四七）三月下旬のことだった。当時奈良県庁内の遺跡調査室に籍を置いていた私が、電話のベルにうながされて手にした受話器の向こうから聞こえてきたのは、少し興奮ぎみだが、しっかりとした口調で、高松塚古墳で石室が見つかり、正倉院に伝わる樹下美人図のような絵が描かれている、という言葉だった。

一瞬その状況は頭に浮かんでこなかったが、やがて暗い石室の壁面に、ふくよかな面影をもつ天平美人の姿がイメージされてきた。

調査は慎重に、かつ迅速に進める必要があることから、このニュースはしばらく伏せておくことになった。私は早速小雨の降る現地を訪ねたが、あたりにはピーンと張り詰めた緊張感が漂っていた。黙々と作業を進める調査員の姿に、あらためてただならぬ様子が感じとられた。鎌倉時代にあけられた盗掘の穴から、薄暗い内部を観察すると、想像していたよりもずっと小さい男女の群像、青龍、白虎、玄武などの四神が目に入った。それらは千数百年の時空を感じさせない、鮮やかな色彩を放っていた。

同じころ、中国では世界の耳目を集めた文化大革命が進められていた。「造反有理」

のスローガンのもと、次々と改革がおこなわれるなかで、注目すべき発掘調査が続いた。一九六〇年には、西安の西北郊外にある唐の高宗・則天武后を葬る乾陵《けんりょう》の陪葬墓群のなかに、見事な壁画墓のあることが知られていた。そのなかでまず二人の孫に当たる永泰公主《えいたいこうしゅ》墓が調査され、一九七一年から翌七二年にかけては李賢《りけん》（章懐太子《しょうかいたいし》、高宗・則天武后の子）墓、李重潤《りじゅうじゅん》（懿徳《いとく》太子、永泰公主の兄）墓と相次いで色鮮やかな壁画墓が明らかにされているときでもあった。

いっぽう朝鮮半島でも、かつての高句麗地域に多く残る壁画墓の研究が進められていた。

高松塚古墳の保存についての対策が続くなか、研究についても積極的な動きが見られた。奈良国立博物館では中国、韓国、朝鮮民主主義人民共和国、それに日本の学者による討論会もおこなわれた。当時橿原考古学研究所長をされていた末永雅雄先生のお供で学会の末席にいた私は、目の前で展開される朝鮮半島南北の学者の激論に接して、学問のすばらしさに感動を覚えた。議論の内容は決してかみ合うものではなかったが、政治的にはおよそ考えられない南北の対話が、学問の場で実現していたのだ。高松塚古墳がもたらしてくれた大きな賜物だった。

討論会には、中国から社会科学院考古研究所長の夏鼐《かだい》氏が来られていた。後に耳にしたことだが、橿原考古学研究所から高松塚古墳までの短い車中で、末永先生は同乗した夏鼐氏に、研究所から留学生を派遣したいので受け入れてほしい旨の要請をされたようだ。文革のさなかであり実現する可能性はほとんどなかったが、その末永先生の働きかけは、文革終了後の一九七九年（昭和五四）九月、中国が外国からの留学生を受け入れるようになった最初の一人に、菅谷文則氏（現・橿原考古学研究所長）が選ばれたことで実を結んだ。

末永先生は、当時の奥田良三奈良県知事に留学生三人の派遣を希望していたようだ。一人に与えられた期間は二年間。当時はまだ近くて遠い国との印象が強く、そのうえ一〇年余りにわたって吹き荒れた文革の嵐が収まって間もないころである。研究所内で留学希望者を募ったときに応募した職員はあまり多くはなかった。そんななか、三人目の留学生として私が選ばれることになった。

本書は、二年間にわたる留学期間に中国各地を訪ね、その地の歴史を学び、また人びととの出会いを綴った記録である。

文化大革命の終わったころの北京市内

中国歴史紀行❖目次

図版制作　あおく企画

黒竜江省
内蒙古自治区
吉林省
遼寧省
北京市
天津市
河北省
黄河
山東省
江蘇省
河南省
安徽省
長江
上海市
浙江省
江西省
福建省
広東省
マカオ
香港
日本
奈良

新疆ウイグル自治区
青海湖
青海省
寧夏回族
自治区
甘粛省
チベット自治区
陝西
四川省
重慶市
貴州省
雲南省
広西チワ
自治区

劉家峡ダム上流の炳霊寺大仏

初めての中国

蘭州から敦煌へ

私が初めて中国を訪ねたのは、留学一年前の一九八〇年（昭和五五）の秋だった。当時は法隆寺境内でおこなわれていた防災工事に伴う発掘調査のため、一年の約半分は法隆寺に通っていたが、そこで親しくさせていただいていた高田良信師（現・法隆寺長老）と、敦煌《とんこう》へ行こうという話になったのだ。しかし、今と違って簡単に個人で出かけるわけにはゆかない。すでに何度も訪中経験のある高田師の骨折りで、中国仏教協会から招請状を送ってもらい、出発することになった。しかし、二人きりの旅では心許ない。幸いにも関係者のお世話で、某大学の中国文学の先生を団

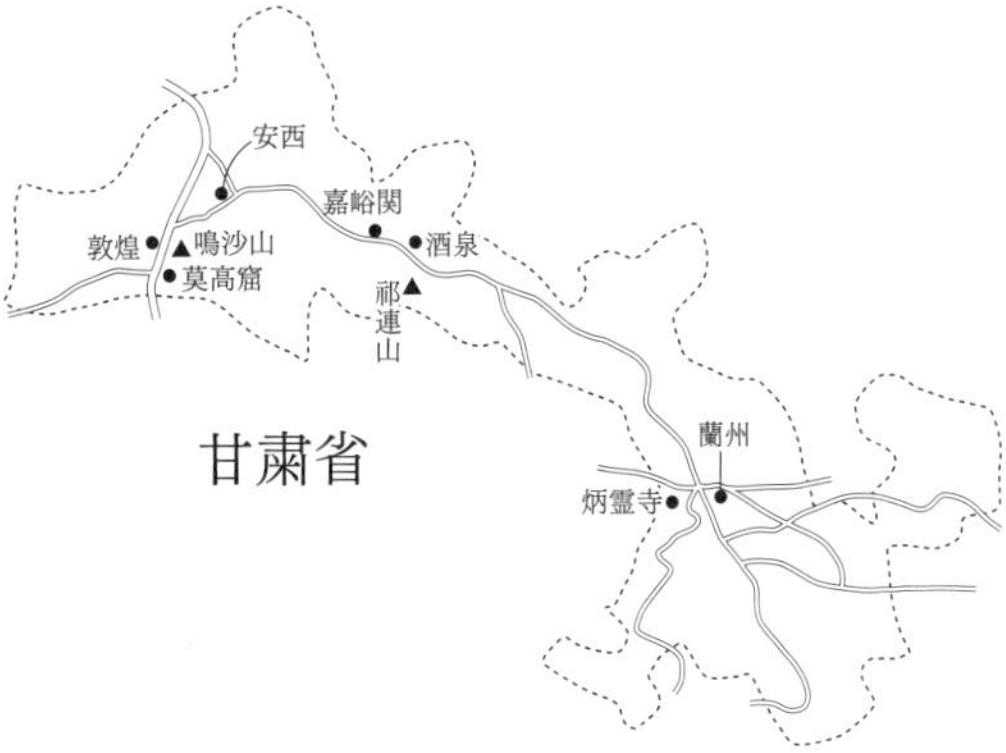

長とする敦煌訪問団の一員に加えていただき、憧れの敦煌に向かった。

上海を経由して最初に向かったのが蘭州。甘粛省の省都でもある蘭州は、黄河に沿って長く伸びた町で、現在は工業都市でもあるが、古くは金城と呼ばれ、隋の開皇元年（五八一）に蘭州に改称された古い都市だ。海抜約一〇〇〇メートルの高原は、夏は涼しく、冬は暖かい過ごしやすいところのようだ。地図を開いただけでもわかるが、ここは中原からみればシルクロードへの入り口に当たり、逆に西域から長い旅をしてきた人たちにとっては、ここからが漢民族の文化圏と実感する町でもある。今も街中では白い帽子に立派な髭を蓄えた回族の老人や、紫髯緑眼《しぜんりょくがん》のウイグル族の人たちが多く行き交い、古代からのシルクロードの交易の町を髣髴《ほうふつ》させる。

私が初めての訪中で最初に散策した街が蘭州だったことは、それ以降の中国に対する想いに、多少なりとも影響を与えたかもしれないと思っている。

この旅のもう一つのハイライトは、蘭州郊外の黄河に作られた巨大な劉家峡《りゅうかきょう》ダムから、船で三時間ほどさかのぼったところにある炳霊寺《へいれいじ》石窟の見学だった。中国では最古の銘文である西秦の建弘元年（四二〇）の紀年をもつ如来の塑像、さらに絶壁に造られた三〇メートル近い大仏の姿に感動したが、そこに額ずく地元の農家の老婦人の一団に出会ったとき、文革の嵐が過ぎ去ったことを実感した。

蘭州での見学を終えた私たちは、目的地の敦煌に向かった。一九八〇年代の半ばには、敦煌の町と莫高窟のほぼ中間に空港が開設され、敦煌への旅も便利になったが、当時は酒泉《しゅせん》までは飛行機で、あとは車で行くのが一般的な旅だった。酒泉という美しい名の由来は、前漢の武帝の時代、将軍として匈奴《きょうど》との戦いに連戦連勝しながらも若くして病死した霍去病《かくきょへい》にまつわる話がもっともポピュラーである。

戦で疲れきった兵士のために霍去病が泉に酒を注ぐと、水はたちまち甘美な酒に変わった、というまるで弘法伝説のような話だ。こういった伝えは、蘭州の五泉山をはじめいくつも残されていて、霍去病の人気のほどをうかがわせる。

葡萄の美酒　夜光の杯
飲まんと欲して　琵琶馬上に催す
酔うて沙場に臥す　君笑うなかれ
古来征戦　幾人か帰る

大仏を礼拝する老女たち

『唐詩選』に収められ、日本でも好まれている王翰《おうかん》の詩である。

葡萄も夜光杯も琵琶も、シルクロードを通じて西域からもたらされたものだ。この地の風土と歴史を、この詩はビジュアルに美しく表現している。玉石を薄く削って仕上げる夜光杯は、今や酒泉の特産品となっている。

酒泉の郊外には万里の長城と、辺境を守る兵士たちの駐留した嘉峪関《かよくかん》の遺跡がある。現在残っている嘉峪関は明代のものだが、数万人の軍隊が駐屯できる巨大な施設だ。城壁の上に立つと、延々と北に続くゴビと、南の彼方にそびえる祁連《きれん》山脈の間に、細長い谷間のようなベルト地帯が続いている。これがいわゆる河西回廊《かせいかいろう》と呼ばれているもので、古来漢民族と騎馬の民との間で、このルートを争奪する戦いが続けられたのだ。

嘉峪関を発った私たちは、板にビニールを貼っただけの椅子のバスに揺られながら、ひたすら西に向かって走った。途中で日が暮れた砂漠の空を見上げると、満天の星が輝いていた。

夜も更けて着いたのは、安西《あんせい》県の招待所だった。裸電球とパイプ製の簡易ベッドと、湯の入ったポットのほかは何もない部屋の床は土間だった。部屋の近くに、もちろん手洗いはない。学校の運動場のような広場の向こうにあるトイレには、懐中電灯を照らしながらゆかなければならない。翌朝、あらためて行ってみると、後ろ側がスロープになっていて、そこから放し飼いの豚や鶏がトイレに出入りしているではないか。漢代以降の墓に副葬している明器（模型）のなかに、二階建ての厠《かわや》の一階部分に、豚などの家畜の姿を表現してあるのを見たことはあったが、ここでは二千年の後にも同じ光景が繰り返されているのを実際に見ることができるのだ。しばらくは、あの美味な鶏の丸焼きがなかなか喉を通りにくかったことを思い出す。

早朝安西を出発して、敦煌の町には昼前に着いた。酒泉を発ってから一日半、ひたすら砂と石ころだけの道を走ってきた私たちにとって、緑の広がるオアシスの町は格別だった。敦煌に空港ができてからは、心のなかでは願っているものの、残念ながらこの最初の旅と同じ感動をおぼえ

嘉峪関の城門の前にて

る機会はなくなった。時間の余裕があれば、せめて片道、できれば往路は砂漠のなかを走ることをお勧めしたい。そうすれば、莫高窟で出会うあの美しい飛天の壁画や、塑像のすばらしさが倍増することは疑いないと思うから。

小説『敦煌』と蔵経洞

三〇年余り前、心を癒される喜多郎の音楽と、石坂浩二の語りを背景に、NHKテレビのブラウン管に映し出されたシルクロードの美しい映像に、心を奪われた歴史ファンは多い。そのなかでも最も人気のあったのは、鮮やかな色彩を保つ壁画が良好な状態で残っている敦煌莫高窟。四世紀末から一千年以上にわたって造り続けられた石窟の総数は、今に残るものでも四九二窟にのぼる。

この敦煌という耳慣れない名を多くの日本人の心に焼き付けたのは、やはり井上靖の小説『敦煌』だろう。私は初めての敦煌行きのちょうど一年前の一九七九年、奈良の若草山の麓にある料亭で末永雅雄先生の計らいで、研究所の仲間とともに井上靖氏と会食する機会に恵まれた。その席で私は不躾にも「『敦煌』をお書きになった後、初めて敦煌を訪ねられて矛盾を感じられませんでしたか」という質問をした。その答えは、「全くありませんでした。私はわからないところは書かないから」という明瞭なものだった。

井上氏は若いころは毎日新聞の記者をされていたが、京都大学では美術史専攻の学生だった。

膨大な文献の知識を駆使され、まだ見ぬ世界を舞台にした小説を書き上げたのだ。さすがと思ったのは、小説の舞台となった宋代の開封の町も、当時の敦煌の市街も今なお深い土と砂に覆われているのである。開封の町並みは、有名な「清明上河図《せいめいじょうがず》」に描かれた姿からそのにぎわいを知ることができるわけで、現地に行ってもあまり意味はない。舞台設定の段階から豊富な知識をもとに周到な準備がなされていたことがわかる一例だ。そして、最後に井上氏からは「あなたたちがそれを解明してください」という励ましの言葉をいただいた。

そして一年後、憧れの地にやってきたのだ。小説の重要な舞台となった蔵経洞（一七窟）は、大きな一六窟の入り口通路の右側の壁に掘られた小さな窟だった。暗い内部を懐中電灯で照らしながら、流暢な日本語で説明してくれたのは、ほぼ三十年経った今は、中国敦煌研究院付属考古研究所長として活躍されている劉永増《りゅうえいぞう》氏だった。中国東北の吉林大学の日本語科を卒業して間もない彼は、『敦煌』をテキストとして日本語を学んだといってよいほど、小説の内容を熟知していた。初めての敦煌で彼に出会ったおかげで多くの知識を得ることができたし、その後もあるときは奈良で、またあるときは敦煌で、旧交を温めながら敦煌研究の最前線を教えてもらえるという幸運に恵まれた訳である。

蔵経洞の話に戻ろう。一一世紀前半、西夏王国を建てたタングート族の李元昊《りげんこう》は、敦煌一帯も手中に収め、この地を支配していた曹氏一族は崩壊の憂き目にあった。その過程で多くの文書や経典が小さな洞窟に集められ、慌ただしく封印されるシーンは映画『敦煌』でも見せ場の一つだった。

それからほぼ九〇〇年経った一九〇〇年、この石窟を住まいとしていた道士の王円籙《おうえんろく》は、ひょんなことから隠された洞を発見し、おびただしい数の教典や文書、絵画といった資料が世に出ることになった。その品々は、スタイン、ペリオ、大谷探検隊などの手によって各国に運ばれ、敦煌は一躍世界から注目されるところになったのである。井上靖のシナリオは、天才的な言語学者

莫高窟

でもあったペリオの説に基づいて書かれている。その説とは、文書のなかに西夏文字が見られないことから、破壊を恐れた漢民族の曹氏の手によって隠された、というのだ。

しかし、これには早くから異論があった。西夏の人びとは敬虔《けいけん》な仏教徒で、ことさら隠す必要もなく、また西夏がこの地方を占領した後にも、石窟内には漢字や、西夏に敵対していたという宋の年号を使った題記があることもだんだんわかってきた。そのうえ石窟内には西夏時代に描かれた壁画も多く残っている。

一九〇七年に初めてスタインによって、蔵経洞の資料が持ち出されて以降、外国に流出する状態が続くなか、清朝政府はことの重大性を認識し、その時点でほとんどの資料は北京に運ばれた。しかし、不思議なことに、その後も敦煌文書は王道士の手から二〇年余りにわたって、各国の探検家たちの手にわたっていたのだ。

そして一九九七年七月、ある全国紙の夕刊一面に大英博物館所蔵の「敦煌写本多くが偽物」のニュースが掲載された。京都大学の藤枝晃名誉教授をはじめ、北京大学、大英博物館、ロンドン大学の研究者たちが、使用されている紙の質と筆の使い方などを綿密に調査した結果、多くが偽物であることを突き止めたのだ。敦煌写本に偽物が含まれていることは広く知られていたが、スタインが一九三〇年に持ち帰った七〇〇〇点のうち九割が偽物というのは驚きだった。おそらく敦煌文書が騒がれるようになって、政府が北京へ運んだころから組織的に偽文書が作られるようになり、世界へ広がっていったのだろう。

蔵経洞が世に出て、「敦煌学」が生まれてほぼ一世紀、日本にも多い敦煌写本の再検討を含めた新たな「敦煌学」が今始まっている。

唐の都、長安（西安）

私が西安を訪ねたのは一九八〇年の秋、敦煌を訪問した帰り、他の旅行団の方たちとは別れ、法隆寺の高田良信師と二人で蘭州からの飛行機便で空港に降り立ったのが最初だった。上空から初めて見た西安は、さながら赤茶けた荒野のなかに大きく広がるオアシスのようだった。広い中国大陸のほぼ中央にあるこの西安ですら黄土のなかにあることが、緑深い島国に育った当時の私には強い印象として残った。

期待と不安の入り混じった気持ちでタラップを降りた私たちは、まもなく西安市人民政府の李《り》存哲《そんてつ》接待科長と通訳の劉大器《りゅうだいき》氏の温かい歓迎を受け、西安でのすばらしい日々が始まった。その後幾度も訪れる西安だが、この第一回目の訪問時の感動を超えるものはまだない。

私にとっての長安（西安）は、国際色豊かな日本の白鳳、天平文化のテキストであり、咲く花の匂うがごとく美しい奈良の都よりさらにすばらしい都でなければならなかった。それはまさに流麗な文章で唐代の長安の姿、またそこに生活する人びとの様子を生き生きと描いた、石田幹之助の『長安の春』（東洋文庫九一、平凡社、一九六七年）の世界だった。

西安の街並み

京城東壁の中門、春明門のあたりに立つて見渡すと、西北に方《あた》つて遠く三省六部《りく》の甍《いらか》を並べた「皇城」が見え、その北には最初の「宮城」（皇宮）が殿閣の頂を見せ、更にその東北には其後の天子の居であつた東内《とうだい》諸宮の屋頭が龍宮のやうに浮び、盛唐の頃ならば玄宗が新《あら》たに営んでその常住となした興慶宮の一角が黄瓦丹墀《ち》を映発して勤政殿や花萼楼《くわがくろう》の画棟朱簾《ぐわとうしゆれん》が眉に迫る。（中略）唐廷の儀仗に迎へられて、きらびやかな行列に驊騮《くわりゆう》の歩みも緩く西に向ふのは、大和島根のすめらみことのみこともちて、遙かに海を越えた藤原ノ清河などの一行でもあらうか。外国の使臣の入朝するものもその東よりするものはすべてここから都へ入つた。日本、新羅《しらぎ》、渤海《ぼっかい》の如き遠き国々から、学を修め法を求めんとして山河万里笈《きふ》を負うて至るものも皆この門（春明門・筆者注）をくぐる。わが空海も円仁も、円珍も宗叡も、みなここから都へ足を入れた。

文化大革命の傷跡がまだあちらこちらに見え、今はその面影もない西安の街角に立ちながらも、私の脳裏には美しい風景が浮かんでいた。かつて長安と呼ばれたこの町と周辺地区には、西周（紀元前一一世紀）の時代から唐代（六一八〜九〇七）まで、断続的ではあるが約千年にわたって一二の王朝の都が置かれた。平原のほぼ中央にあたる関中と呼ばれるこの地は、各時代の覇権を目指す野心家たちにとってはどうしても手中に収めたい場所だった。「中原を制するものが天下を制す」と言われたように、この地に君臨した人たちのなかには、天下の覇者となる人も少なくなかった。秦始皇帝は国土をほぼ統一した後、都を西安の北を流れる渭水《いすい》を越えたところにある咸陽《かんよう》に置いた。前漢を興した劉邦《りゅうほう》も、現在の西安の西北郊外に都を営んだ。漢長安城と呼ばれ、今も城壁をはじめ多くの遺跡が残されている。

長安と呼ばれた現在の西安は、このように長い中国の歴史のなかで、たびたび都としての役割を果たしてきたが、中国でも最も華やかだったのは、やはり東西文化交流の花開いた唐の時代だった。唐の長安城は、東西九・七キロ、南北八・七キロの広大な面積を誇っていた。今、西安の町に入ると市街地を囲むように立派な煉瓦積みの城壁が目立つが、これは後の明代（一三六八〜一六四四）のもので、その内側、つまり城内は、ほぼ唐代の長安城の皇城（役所街）・宮城（皇居）の範囲に一致するが、その面積は全体の約六分の一に過ぎない。唐代の面影を残す大雁塔、小雁塔や青龍寺などが、市街地から遠く離れたところにあるとの印象を受けるが、それは現在の西安の街の状況から感じるのであって、かえってそのことから唐長安城の大きさが理解できるともいえよう。

私たちが最初に案内されたのが、城内の東南部、晋昌坊にある慈恩寺だった。玄奘《げんじょう》が唐から持ち帰った大乗経典を翻訳し納めたという大雁塔のあることで有名な寺である。今は線香の香りも絶えることなく、参拝客も多いこの寺だが、このときは境内に人影はまばらで、もちろん一人の僧もおらず、人民服を着たぶっきらぼうな管理人を先頭に、私たちは狭い塔の階段を登っていった。高さ五九・九メートルの最上層から四方を眺めると、大きく様変わりした長安の街が眼下に広がり、一〇〇万とも一五〇万ともいわれた、世界最大都市の躍動感に満ちた姿がまぶたに浮か

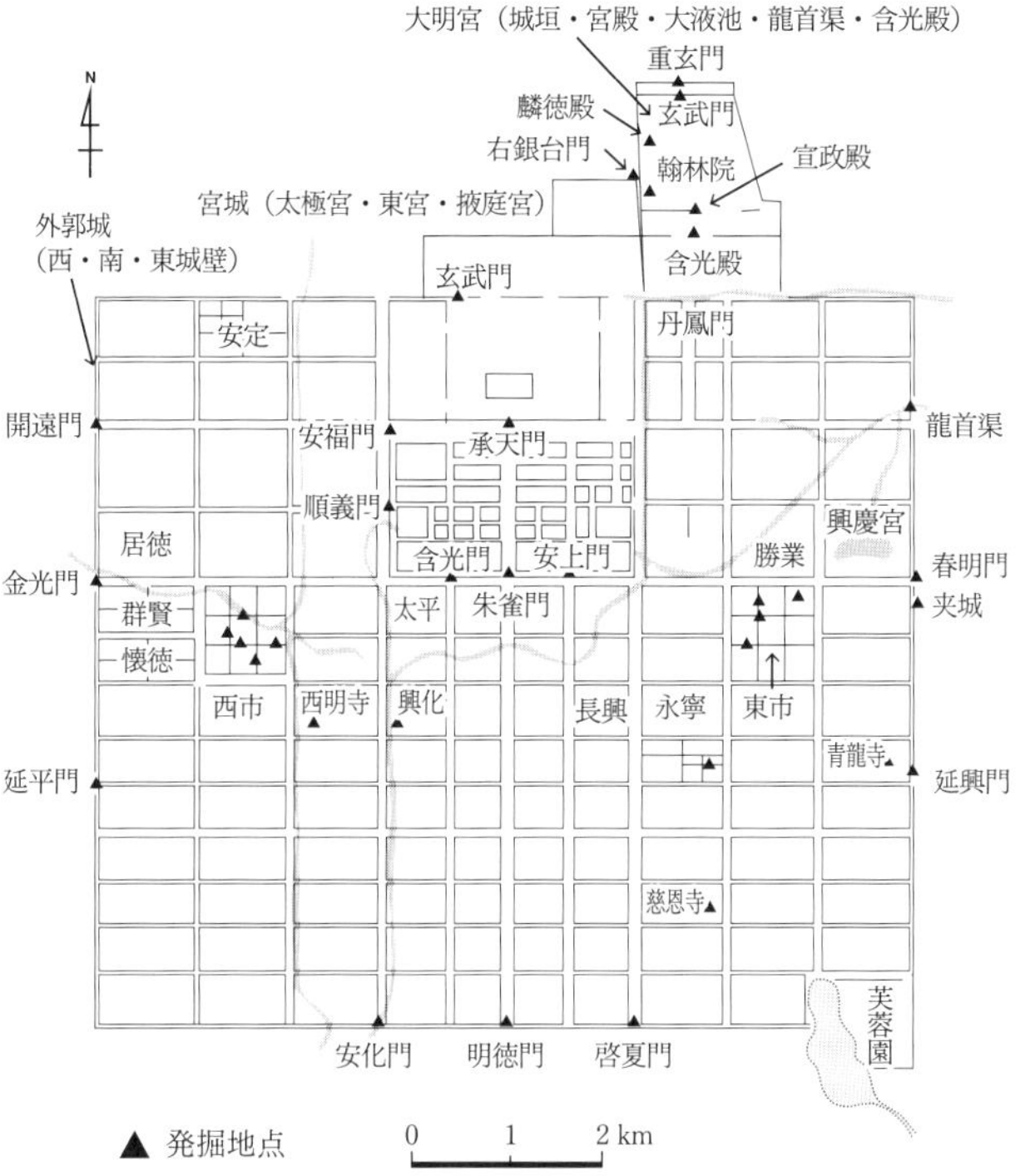

唐の長安城
（古瀬奈津子『遣唐使の見た中国』吉川弘文館、2003より。一部改変）

んでくる。さらには、遙か北東の春明門のあたりでは、遣唐使一行が入城する姿が見えてくるような気さえしてくるのだった。

私が西安でぜひとも訪ねたかったのが、西安市の東南郊外の鉄炉廟《てつろびょう》村、もとの新昌坊の東南隅にある青龍寺だった。隋の開皇二年（五八二）に建てられたが、当初の寺名は霊感寺。唐の景雲二年（七一一）に青龍寺と改められた。この寺が日本の人たちにとって特に有名なのは、帰国したのち真言宗を開いた空海と、師の恵果阿闍梨《けいかあじゃり》との出会いの場だったことだ。一九七九年から中国社会科学院考古研究所によって発掘調査が始められ、私たちが訪ねたときもまだ調査中で、かつての建物の基壇の一部が現れたところだった。その後、日本の真言宗各派や信者の方々の協力で、記念碑や堂塔が復元され、当時の姿を戻しつつあるのは、宗門の末席にいる私としてもありがたく思っている。

北京訪問

西安での感動的な数日間を過ごした私たちは、最後の訪問地北京に向かった。中国仏教の総元締めである、中国仏教協会を表敬訪問するという大きな任務が残っていたからである。というのも、敦煌や西安を比較的自由に、それもすばらしい待遇を受けながら旅することができたのは、中国仏教協会から招聘されたという形をとっていたからだ。あらためて同行させていただいた高田師に感謝をし、仏教協会のある広済寺の門をくぐった。北京市内にあるものの、街中の喧騒と

中国仏教協会を訪問

はまるでちがった落ち着いた静かなたたずまいだった。
西安で訪ねた寺院では文化大革命の深い傷跡を感じ、これから新しい中国のなかで仏教がどのように復活できるのか、とても気になるところだった。応対してくださった国際部の申在夫《しんざいふ》主任は穏やかな表情でこれからの中国仏教のあり方についても語ってくださった。南京の栖霞寺《せいかじ》には正式な養成所を設置し、若い僧侶を育ててゆく方針で、現時点でも希望者は多いとのことだった。仏教協会国際部の職員で、日本語の通訳をしてくださった方は若いころ、紅衛兵の一人として寺院や文物の破壊活動に加わっていたらしい。複雑な気持ちでは、と思ったが、ご本人は当時の社会情勢のなかの出来事と割り切っておられた。少し面喰らった気がしないでもなかったが、翌年から北京で暮らすようになって、文革前後を生きてこられたさ

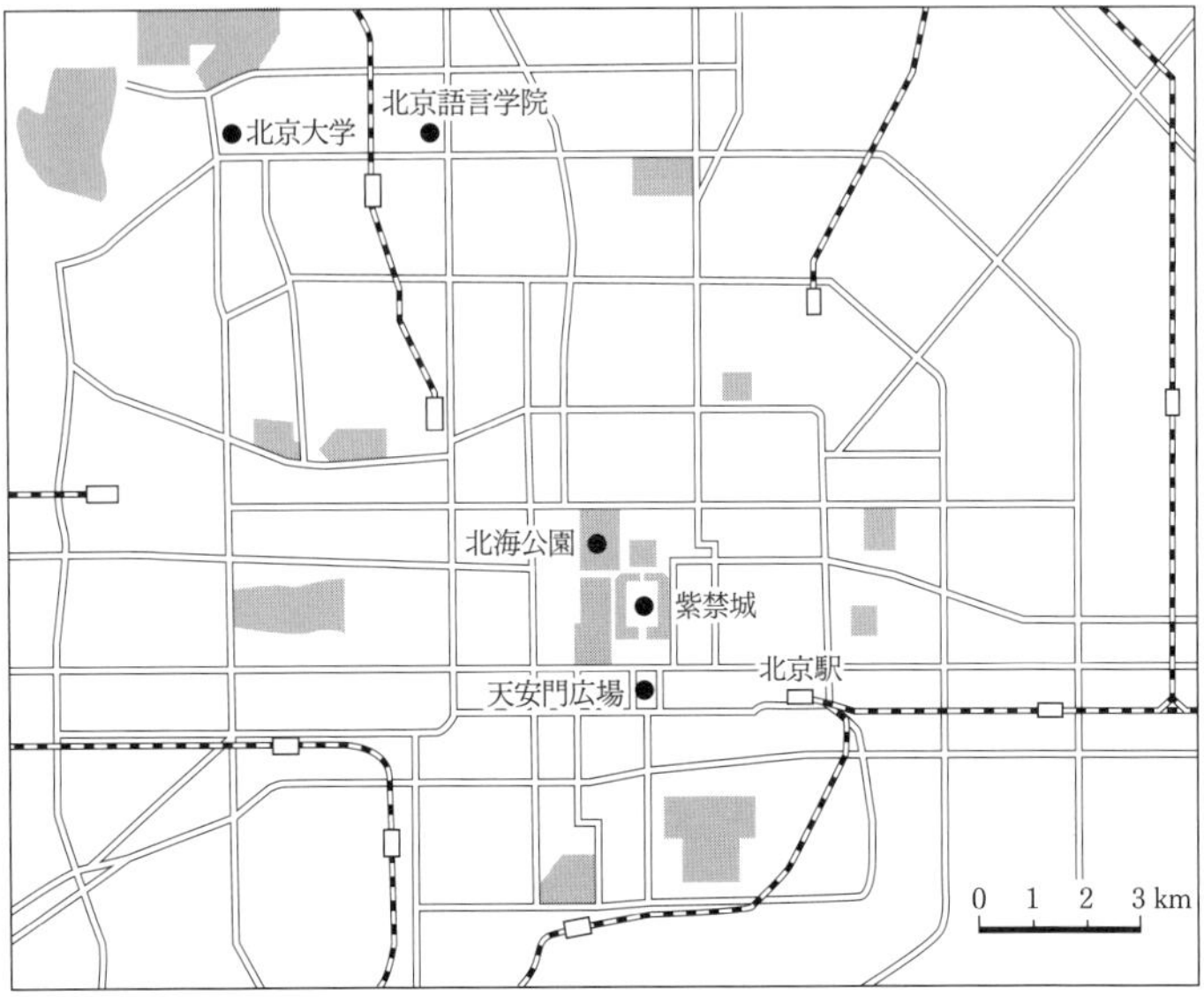

北京市街

まざまな人に出会って、話をうかがってゆくうちに次第に理解できるようになった。

私が初めて中国を訪ねようと決心したのは、もちろん敦煌を訪問できるというのが大きな理由だったが、最大のわけは、来年から留学することがほぼ決まっていた中国を、事前にこの目で確かめておきたい、ということだった。

ちょうど一年前に、橿原考古学研究所から最初に派遣されていた菅谷文則氏は、一年間の北京語言学院で語学研修を終えたばかりで、後の一年間の学生生活を送る北京大学に移ってから間もなくのときだった。中国に数多い大学のなかでも最高学府として名高い北京大学は、北京市内の西北部の海淀区にある。清朝末期の権力者西太后の別荘の一つで、欧州の列強が宝物を略奪した後、焼き払った円明園に一部含まれ、キャンパスに未明湖などの美しい風景を留めている。文革時には「造反有理」のスローガンのもと、大学解体の最大目標として攻撃の対象となったこの大学も、文革が終わって四年を経て少なくとも表面上は静かで、真摯に学ぶ学生たちの姿が印象的だった。

菅谷さんは元気そうで、すっかり中国の生活に溶け込んでいた。そのエピソードを一つ。私たちは菅谷さんの案内で、大学の西門前にある食堂で昼食をとった。食事の後、私は彼に続いてすぐそばの公共トイレに入った。周りの中国人に並んで用を足したが、終えて周りを見渡すと菅谷さんが見当たらない。不安になった私は、あらためて冷静に観察すると、なんと最も近くにいた人民服に布靴スタイルで、どこから見ても違和感のないその人物が菅谷さんだった。これは一例に過ぎない。その後も彼の数々のエピソードは留学生仲間の間でも、また中国の友人、研究者の間でも語り継がれているが、そのほとんどが好感度あふれるものだった。

橿原考古学研究所から三人の職員が派遣されたが、最初の難しい開拓者としての任務をもあわせもった人物に、菅谷さんを選ばれた末永先生の先見の明に敬服するとともに、ご自身の努力にも敬意を表したいと三代目の私はいつも思っている。

北京大学訪問の後、そこから車で一〇分くらい、自転車では三〇分ほど東にある北京語言学院（現・北京語言文化大学）に向かった。ここは外国語の単科大学で、同時に世界各国から中国に留学した学生に中国語の教育をおこなう、最も規模が大きく、システムの充実した大学である。全寮制の中国の大学は、キャンパスのなかに教師たちの家族も、労働者も住み、大きな大学の構内はさながら一つの町で、病院も商店も、映画館まであった。

語言学院の中国人学生はさまざまな外国語を学び、留学生は中国語を学びたいわけだから、学生同士のコミュニケーションをはかることによって、お互いメリットがあるのだ。当時はまだ中国人と外国人の交流には多くの制約はあったが、このキャンパス内での交流は比較的自由だった。政府は実験的な意味も含めてこのシステムを考えたのかもしれない。その後留学生が増加し経済効果も考慮したためか、全国の多くの大学が受け入れるようになってきたが、この大学のように真の意味での語学教育を目指しているのかについては、首を傾げたくなる大学も多い。

私は翌一九八一年九月から一九八二年七月までの約一〇カ月、この大学で中国語を初級から学んだが、そのときサポートしてくれた中国人学生への感謝の気持ちは、四半世紀以上たった今も決して忘れない。

私たちは、つい一カ月足らず前にこの大学にやってきた、研究所からの二人目の派遣留学生の河上邦彦氏（現・関西大学大学院講師）を訪ねた。留学生楼の一階に若い日本人学生と二人部屋で暮らしていた河上さんは、まだここでの生活に慣れていないようで、疲労の様子がありありとうかがえた。蛇口の小さい穴の部分が抜け落ちて、水道の蛇口そのものの並ぶ、薄暗いシャワー室、申し訳程度に扉のついたトイレなどを案内された。来年の今頃は私自身がこの場にいることを思うと少し不安になってきた。日常生活の様子、授業の内容、食事のことなど、さまざまな質問を短い時間に投げかけたような気がする。

しかし、最も大きい問題はやはり言葉のようだ。会話が少しでも通じるようになれば、悩みは大きく改善するだろう。私は帰国後、なんとか時間を作って中国語を学び始めようと思った。

北京留学開始

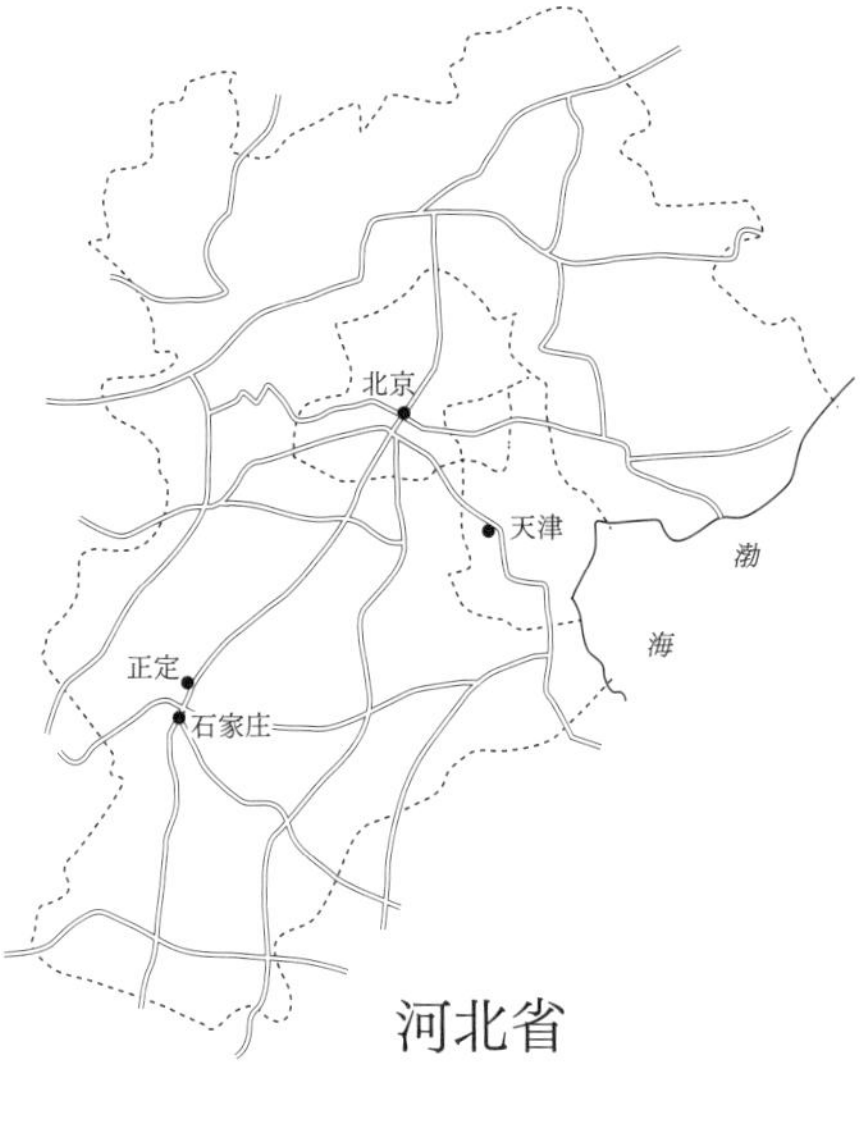

河北省

北京語言学院

北京に出発するまでにどうしても仕上げなければならなかった太安萬侶《おおのやすまろ》墓の調査報告書もなんとか間に合い、中国考古研究所への贈呈用の数冊を明新社（出版社）の方が、出発間際に大阪空港まで届けてくれた。報告書の奥付は一九八一年九月一三日、出発の前日の日付で、奇しくも橿原考古学研究所の創立記念日でもあった。そんな慌ただしさのなか、多くの見送りを受けて二年間の留学を期して北京へと向かった。

三時間余りのフライトの後、北京首都空港に到着した。もちろん中国への一人旅は初めてで、税関の手続きを終え、出迎えの人垣のなかに先輩の河上邦彦氏の姿を目にするまでは、心底心細い思いだった。落ち着き先の北京語言学院は、北京市内の西北部の海淀区学院路にあった。天安門や人民大会堂のある市の中心部からは遠く、車でも一時間近くかかる。この一帯は学園地区となっていて、北京大学、清華大学などの名だたる大学がこの付近に集中していた。

私が最初に学ぶことになった北京語言学院は、先にも述べたように、設備、スタッフとも中国で最も充実した語学教育の先進大学だった。当時は現在と比べて中国への留学生はあまり多くはなかったが、その半数以上はこの大学で学んでいた。

河上先輩の案内で弁公室（事務室）での手続きを終え、これから約一年を過ごす宿舎へ案内された。留学生には五、八、一〇楼の三つの建物があてがわれていたが、私の住まいは五楼の一〇五号室に決まった。

一人部屋を希望していたがしばらくは無理ということで、同室者との共同生活が始まった。彼は早稲田大学の中文を卒業し、筑波大学の大学院へ通うI君。以前短期留学のときに見初めた中国人女性に、真剣に付き合いを求めるためにやってきたという。しかし、彼の生真面目さと熱心さに参ったのか、どうも彼女の方から断りの意思表示があったようだ。あまりの落胆ぶりに慰めようもないほどのときもあったが、中国語初級コースの私は語学の堪能な彼にずいぶん助けてもらった。

二カ月がたち、彼も一人部屋に移り、私も一人になったため、一〇五号室は同級生たちのサロンと化した。クラスメートは一一人。その内訳は日本人四人、ノルウェー人四人、バングラデシュ人、リベリア人、オーストラリア人がそれぞれ一人ずつと国際色豊かだった。このメンバーで一〇カ月余り、日曜日以外の午前中の四時間を中国語学習に打ち込んだ。最年長は三五歳の私で、ノルウェーのカップルがほぼ近い年代のほかは、すべて二〇代半ば以下の若い学生だった。国も

北京語言学院

105号室に集まったクラスメート

年齢も違ったけれど、習ったばかりの中国語を使おうと努力したためか、少なくとも我々仲間内の会話は瞬く間に上達していった。

指導してくれる教官は、一年間を通じて発音と会話担当の閻《えん》先生と文法と閲読担当の張《ちょう》先生の二人だけ。どちらも正確で美しい中国語を使う方たちだった。大学では特に初級の学生には基本をしっかり学ばせるために、このような配慮をしているようだ。閻先生は中国語以外は全く知らず、張先生は北京大学でフランス語を専攻されたとのことだったが、お二人とも日本語、英語は話されなかった。そんなわけで、授業が始まった当初はとまどった。閻先生はともかくとして、張先生の文法の説明は大変だった。しかし、幸いにもソルボンヌ大学に留学経験のあるノルウェーの三人はフランス語を理解できるので、先生がフランス語で文法の説明をした後、彼らが英語で私たちに通訳してくれ、それで何かを理解するという授業がしばらく続いた。中国語の授業に英和辞典が欠かせないという、不思議で楽しい毎日だった。しかし、二カ月も経つと、そういったことも少なくなり、私たちも先生方の話すわかりやすい中国語の説明が理解できるようになった。

授業は毎日午前中のみで、午後は予習、復習にあて、その他は自由だった。しかし、週末と月末には決まって試験があった。研究所からの派遣留学生だった私には、それが大きなプレッシャーだった。楽しく遊ぶ若者たちを尻目に、勉強せざるを得ない日々が続いた。そんなある日、張先生が深刻な表情で私の部屋を訪ねてきた。彼の話によると、次の試験に党の幹部が視察に来るという。つまり彼の勤務評定をおこなうのだ。一般に日本人留学生は漢字の問題点も少なく、優秀なことになっているが、私たちのクラスの二人の若者はそうではなかった。彼らの成績如何によって指導者である張先生の責任問題になるかもしれないと言うのだ。彼は自分の指導方法に問題があるのだろうか、と真剣なまなざしで私に問いかけてきた。私より一歳若い彼は、居ても立ってもいられなくなり、学生である私に相談に来たのだ。

欠席が多く、授業にも力を入れていない二人の学生については、私も日頃から苦々しく思っていたこともあり、それは教師の問題ではなく、本人たちの責任だから気にしないように、と言ってはみたがうまく上司に理解してもらえたのだろうか。ともかく私たちは、たびたび試験の試練を受けたが、それは教師にとっても同じように試練だったのだ。

そのうちに、私の部屋は試験前には同級生たちが集まる予備校と化し、そこへ偶然立ち寄ったという顔をした張先生が現われ、私たちを指導するということが日常的になった。おかげでクラス全体の成績も上がり、先生方の評価も安定するようになったようだった。しかし、若さも才能もありながら、あの二人の学生はとうとうついてゆけず、最後まで教室に残ることはなかった。

国内旅行事始め

北京への留学が決まったとき、いくつかの目標を定めた。中国語をマスターしたいことはもちろんだが、私にとって最も大きい目当ては旅行だった。可能な限り旅をしたかった。しかし、今と違って当時の国内旅行には多くの制約があった。長期滞在の外国人にはパスポートのほかに、居留証が渡されていたが、旅をするときにはさらに公安局発行の、訪問先を記した外国人旅行証が必要だった。留学生の私が旅行するためには、まず大学の事務室に行き、そこで発行してくれる大学の許可証をもらうことから始まる。しかし、原則として北京語言学院では、週末と長期休暇のとき以外には許可証は出してくれない。それを持って次に向かうのは、市内の故宮の東にある東華門そばの公安局だ。

そこでは外国人が立ち入ることを許された地区のリストをもとに、旅行証を発行してくれる。一九八一年当時、訪問できるところは全国で八〇カ所前後だったが、この数は年ごとに増えていった。

旅行証はその場で受け取ることはできず、必ず翌日以降に再度取りに行かなければならなかった。ちなみに費用は一元（約一三〇円）。ここまでの手続きを終えて、やっと旅行社に出向き列車の切符を予約するのである。急に思い立ってすぐ旅に出かけるなどということは不可能なことで、最短でも数日は必要だった。だから後日、予約した切符を手にしたときの喜びはひとしおで、言葉のままならないなかで成し遂げたときには、まるで旅の半分を達成したような気分になったものだ。

私の当初の目標は、鉄道走行距離四万キロだった。なぜかといえば、地球一周の距離を中国大陸のなかで駆け抜けたいという思いがあったからだ。列車の時刻表には、駅間の距離を記してあるのでそれを合計するのだが、二年間の合計は四万八五〇〇キロを超え、目標に達成することができた。このほかに、バスや車で旅したことも多くあったし、少ないながらも飛行機に乗ることもあったので、実際にはこれをはるかにしのぐ距離を旅したことになる。留学期間の最後のほうには、距離を延ばすためになるべく車や飛行機を使わない努力をしたこともあった。

語言学院時代は授業を受けることが最優先だったので、春節と夏の二度の長期旅行のほかは短期の旅が多かったが、それでも合計すると二カ月ほどは旅をしていた。

北京大学に移ってからは比較的自由で、指導教授の宿白《しゅくはく》先生の許可のもと、実に多くの地方を訪ねることができた。許可証にサインを頂くために先生のお宅を訪問すると、その旅の目的を聞かれ、旅のコースの近くにある遺跡や訪ねるべきところなどについても、さまざまなアドバイスを頂いた。北京大学での一年間の旅の期間は約五カ月、語学院の二カ月を加えると二年間では七カ月に及んだ。特に北京大学では、講義を受けるとき以外はほとんど旅行に出かけているといっても良い状態だった。当時の中国の行政区割りは、三つの特別市（北京、上海、天津）と五つの自治区、二一の省から成っていたが、外国人の立ち入りが許されていなかったチベット自治区以外のすべての地区に足跡を残すことができたことは、大きな喜びと自信になった。

しかし、残念なこともあった。それは、考古学の研究のための留学でありながら、実際の遺跡の発掘調査については見学すら許されなかったことだ。二〇世紀初め以来の、外国とのさまざまな軋轢の後遺症であることは充分理解していたが、やはり不満であった。そんななか、北京大学では山西省の曲村でおこなっていた戦国時代末期（約二三〇〇年前）の調査に、考古学留学生を参加させるという特別な計らいをしてくれた。一週間ほどの期間だったが、自らの手で発掘できたことは大きな喜びだった。

ほかには発掘調査を目の当たりにすることはできなかったが、各地を旅したことは、その後多くの恩恵をもたらしてくれることになった。日本の二六倍の広さの国土をもつ中国は、それぞれの地域にさまざまな風土がある。帰国後、文献を通して知る中国事情が以前とは比べ物にならな

山西省曲村で戦国期の墓の調査

いくらい良く理解できるようになったのだ。それは現代の状況だけでなく、考古学、古代史の世界においても同じで、文献に目を通した後、まぶたを閉じるとその地域の状況が浮かんでくるのだ。

これはその場所に立った者にしか経験できないことで、その後の研究にも益すること大となった私の大きな財産と言えよう。大学の宿舎の壁に貼った中国地図を眺めながら、訪ねた地名を塗りつぶしてゆく喜びは、一種の征服感のようなものだった。あれから三〇年余り経った現在も、この作業は続けているが、新しい町が増えることは次第に少なくなってきた。その代わりに、それぞれの町や地域の変化を目の当たりにする機会が多くなり、中国の現代史に立会っているような気分になるこのごろでもある。

私が最初に北京を離れたのは、一九八一年の一〇月三〇日から一一月一日までの週末を利用した二泊三日の石家庄への小さな旅だった。同行したのは北京大学の河上邦彦、谷豊信（現・東京国立博物館学芸研究部長）、西村俊範（現・京都学園大学講師）、佐川正敏（現・東北学院大学教授）、北京語言学院の持井康孝（現・金沢大学名誉教授）、岡村秀典（現・京都大学教授）の各氏。私を加えた七名は、当時考古学を専門とする北京に留学していたメンバーのすべてだった。新たに加わった語言学院の新入りの歓迎と交流を深めるために、北京大学にいる先輩たちが企画してくれたものだった。

石家庄への旅

一〇月三〇日、先輩たちの後について北京駅から列車に乗ったが、まずそこでカルチャーショックを味わうことになった。私たちの車両は軟座車、いわゆるグリーン車だったが、私たちの席にはすでに先客が座っていた。軍服を着た人民解放軍の幹部と思しき面々で、私の切符を見せてかわってほしいといくら言っても、乗務員の許可を得たからいいと耳を貸さない。仕方なくめいめいに空席を見つけ席に着くが納得がゆかない。後で回ってきた乗務員に抗議するが、空いている席に座るようにと言うだけで、おじさんたちに意見する気はないようだ。これが教科書で習った人民のための解放軍同志の実態か、と怒りを覚えたが、先輩諸氏はまあ仕方がないという顔をして座っている。これに似た経験はその後もたびたび味わったが、次第に腹が立たなくなっていった。中国通の友人の話では、最初にやってきたころは習慣の違いにただただ驚き、やがてそれが怒りにかわり、その後あきらめの気持ちなり、最後はこれでいいのだ、と納得するようになるという。そこまでに何年もかかる人もあれば、そこまで到達するまでにギブアップする人もいるようだ。私は今では自然に受け入れられるが、ここまでくるのにどのくらいの時間がかかっただろうか。

午後三時三六分に北京を発った列車は、約四時間後の七時四二分に石家庄駅に着いた。省都としてはさびしい感じの殺風景な駅に降り立った私たちは、三輪タクシーに分乗して二日間の宿の河北賓館に向かった。宿は予想していたよりも美しく、何よりも部屋に浴室が付き、湯船があることがうれしかった。あまり温かい湯は出なかったけれど、中国に来て初めて、実に四〇日ぶりに入浴気分を味わうことができた。

翌三一日は、早朝から街中にある河北省展覧館で開催中の中山王国展《ちゅうざんおうこく》と、河北省の文物展の見学にたっぷり一日を費やした。

戦国時代初期（紀元前五世紀）にこの河北省の正定《しょうてい》県近くに都を置いた中山国は、やがて紀元前四〇六年に戦国の雄の魏に攻め滅ぼされたが、間もなく国を回復し現在の河北省平山の東北にあった霊寿に都を遷した。戦国の有力な国々のはざまで生き抜いてきた中山国ではあったが、紀元前二九六年に隣国の趙によって滅ぼされ、歴史の表舞台から姿を消していった。この中山国王墓が発掘され、おびただしい遺物が出土して話題を呼び、ちょうどこの年の前半に遺物は日本に運ばれ、各地で「中山王国展」の名で巡回展をおこなっていた。里帰りした遺物は、地元の人たちの前でお披露目をしているところだったのだ。私は神戸の博物館で「中山王国展」を見学していたので、河北省の文物、なかでも北斉（五五〇～五七七）の石仏を詳しく観察することにした。北斉はわずか二八年間の短い王朝だったが、都を河北省の南部の鄴《ぎょう》（現在の臨漳《りんしょう》）に置き、その都城跡は中国考古研究所によって発掘調査が進められていた。この北斉は歴代皇帝が暴君とされ、後世あまり評判の良くない王朝だが、仏教には力を注いだようで、みごとな響堂山《きょうどうさん》石窟をはじめ優れた仏像を多く残している。展覧会場には、ここ数十年の間に省内で出土したり、集められたりした漢白玉製の精緻で美しい仏像群が並んでいた。ほかの仲間たちもそれぞれ自分の専門分野の遺物の観察に余念がない。私は時間をかけて七体の仏像のスケッチをおこなった。その作業は以後北斉仏を観察するときに大いに役立つことになった。

旅の二日目は、河上邦彦・佐川正敏・岡村秀典氏と私の四名で車をチャーターし、石家庄市から北東約七〇キロにある正定県に向かった。正定県城は城（町）を囲む城壁も良く残り、城内には古い家が立ち並び、人びとの姿にも、新しい町石家庄の人たちとは違った印象を受けた。その町にある隆興寺は、隋の開皇六年（五八六）に創建の古刹で、中国でも古い木造建築として著名な摩尼《まに》殿は、宋の皇祐四年（一〇五二）に建てられたもので、堂内には宋代の塑像も保存されていた。

主要伽藍は南北に並ぶ配置をとる形式で、山内には石碑が多く立ち並んでいたが、文化大革命の無残さを物語るように、破壊された石碑の断片もまだ数多く散乱していた。これほど大規模な現存する寺院は数少ないにもかかわらず、山内には全く宗教的（仏教的）雰囲気はなく、僧の姿も香の煙も目にすることはなく、さびしい気持ちになった。この寺は一名大仏寺とも呼ばれているように、中心建物の大悲閣には宋の開宝四年（九七一）に造られた、中国最大の金銅仏の千手観音像（高さ二二メートル）が安置されている。

その後、城内に残る宋代の開元寺の塔（一〇五五年落成、八四メートル）、や広恵寺の華塔（四〇・五メートル）と呼ばれる金代（一二世紀）の仏塔などを見学した。この華塔は、契丹の建国した遼代（九一六～一一二五）の多宝塔の形式を継ぐとても珍しい塔だ。

午後は石家庄に帰り、再び展覧館に向かい、調査を続けた。午後四時を過ぎたころ、朝からの曇り空が霙《みぞれ》混じりの冷たい雨になった。北京は雪だろうか、などとみんなで話し合いながら街中を散策した後、まちなかにある新華書店に向かった。

私たち留学生（特に歴史、考古学）は新しい町を訪ねると、必ずその町の書店に立ち寄った。当時はほとんどが国営の新華書店で、そこにはあまり書籍はなくとも、交通地図と簡単な地域の概

隆興寺大悲閣

石家庄の街中で蹄鉄を打つ人

要紹介の書物は揃っていることが多かった。それをもとに、自分たちのもっている調査報告書や知識と照らし合わせながら現地を旅するのである。今ではほとんど北京で手に入れることができるが、当時は友人同士の旅の土産で一番重宝したのが、各地の交通地図だった。

午後五時半ごろから夕食をとり、七時一六分の成都から来て北京に向かう長距離の特快（特急列車）に乗車。あいにく硬座の切符しか手に入らなくて、若い人民解放軍の兵士でほぼ満員の座席に腰を下ろすことになった。わずか二日間の旅ではあったが、私にとっては来華して最初の旅だった。企画してくれた西村氏、すべての世話を完璧にこなしてくれた佐川氏をはじめみんなに感謝しよう。

一〇時四三分、北京駅に着く。冷たい雨のなかをタクシーに分乗し、外の寒さとは対照的に充実した気持ちを胸に、大学の宿舎に向かった。

大同への旅

九月に北京に来てから瞬く間に三カ月が過ぎた。大きく口をあけての発音練習や、文法の基礎ばかりの授業は一見つまらなさそうだが、これが結構苦しくもありまた楽しい時間だった。抑揚がなく、口や舌をあまり使わなくても話のできる日本語を日常的に使っている私にとって、中国語の発音や四声はまるで「未知との遭遇」の連続で、とても刺激的な毎日だった。そしてほんの僅かずつではあったが、言葉が理解できるようになっていった。

一二月に入ると北京の町には木枯しが舞い、故宮の周りの濠も、北海公園の広大な池も、目にすることのできる水面すべてが凍ってしまった。南国（愛媛県）に育った私にとっては、こんなことも新鮮な驚きだった。留学生にはクリスチャンが多いこともあり、間もなくキャンパス内はクリスマスの話題と準備で慌ただしくなっていった。寒さのわりには雪のあまり降らない北京の町は、この最初の年のクリスマスにはうっすらと雪化粧をして私たちを歓迎してくれた。

クリスマス後の年末の短い休暇を利用して、最も親しいクラスメートだったノルウェーから来たハンセンとティーナ夫妻と三人で旅行の計画を立てた。行き先は山西省の大同。郊外には憧れの雲岡《うんこう》石窟が造られている北魏時代の都（平城京）がある。北京よりさらに内陸部で寒さはずっ

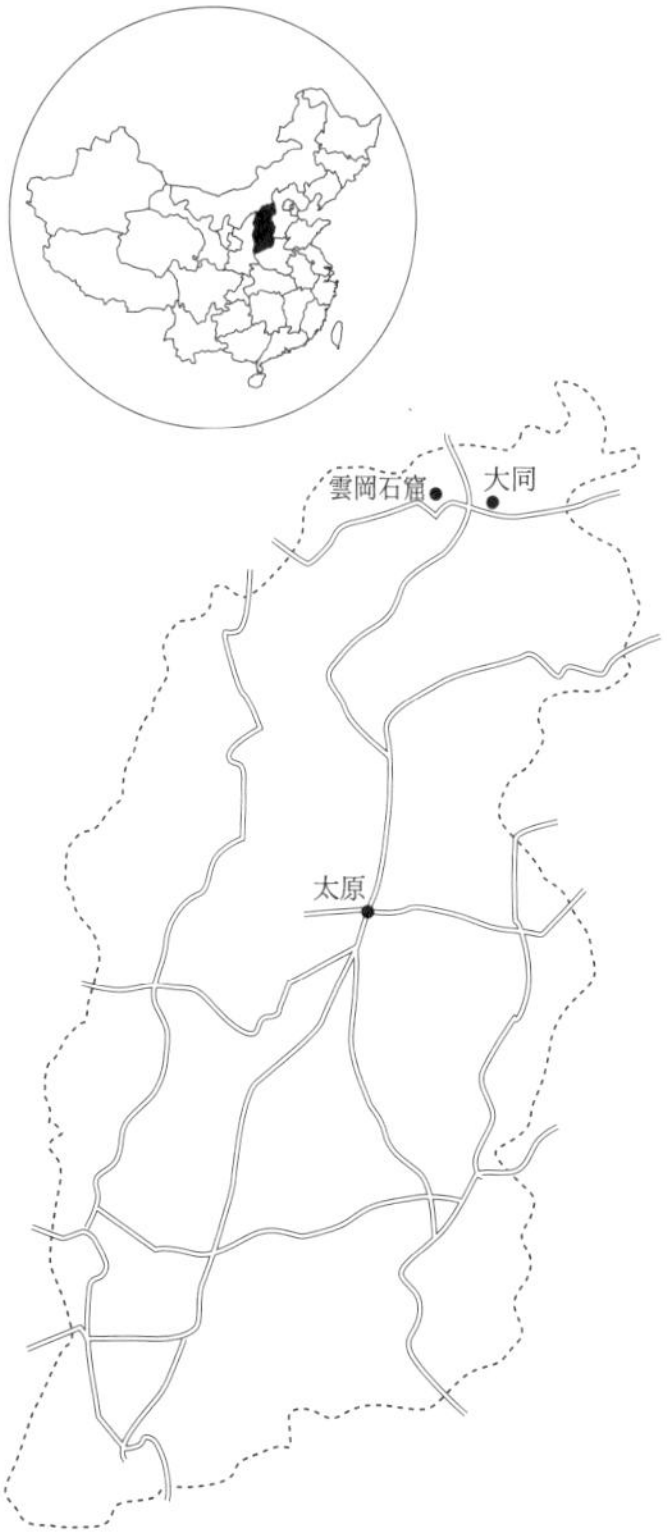

山西省

と厳しいらしいが、北国の二人といればなんとかなるだろう、と安易な気持ちだった。が、それよりも心配なのは言葉だった。私と夫妻との会話は一般に「留学生語」と呼ばれている怪しげな中国語でことは足りていたが、本物の中国人に通じるだろうか、という不安はあった。

二七日の午前九時四五分、旅は始まった。大学前から市内バスで北太平荘《ペイタイピンチユワン》まで行き、そこでバスを乗り換えて前門に向かった。日曜日だったのでいつもより乗客は少なかったが、バスは思うように進まず時間ばかり過ぎてゆく。ティーナと私は気がかりで交互に時計を覗き込むが、ハンセンは余裕綽々《しやくしやく》の様子。

バスが前門に着いたのが、大学を出てから約一時間後の一〇時四〇分過ぎ。ともかく北京駅まではタクシーで、と調達役の私は乗り場に走ったが、目当てのタクシーは一台もいないではないか。半ばあきらめていたとき、やっと一人の女性ドライバーをつかまえることができた。急いで途中で待っていた二人を乗せ、北京駅に向かった。駅に着いたのが一〇時五五分、ホームを駆け抜けてやっと蘭州行きの特快列車に飛び乗ったのが一一時。発車時刻は一一時〇一分。間一髪で間に合った。

四人ずつのコンパートメントになった列車内は快適で、毎日の中国語の授業からの解放感と、周囲の移り変わる景色を堪能していると、七時間は瞬く間に過ぎていった。窓の外に広がる山並みの上に、あたかも天空を駈ける巨大な龍のように築かれた万里の長城を目にしたときは、思わず三人で歓声をあげてしまった。

あたりがすっかり暗くなった午後六時二分、定刻どおりに列車は大同駅についた。駅構内は北京とはずいぶん趣も違い、蒙古族の人たちが目立ち、北方に来たのだという実感を充分に味わうことができた。宿までのタクシーを探すが見当たらない。この日は朝からタクシーには縁遠かった。やっとのことで調達した三輪タクシーで、大同賓館に向かった。私たちが子供のころによく見かけた、オート三輪車の荷台に幌をかけただけの小さい車に、大柄なハンセン夫妻と私は、身を折り曲げながら乗り込んだ。

大同は石炭の町という異名をもつだけあって、周囲は暗くなっていたが、ほこりっぽい街で石炭の匂いも漂っていた。大同賓館はこの町では老舗のホテルである。当時は外国人留学生には旅での優遇措置がとられていたので、宿代は比較的安くついた。

ハンセン夫妻はバスなしのツインルームで一二元（一五六〇円）。私は少し贅沢《ぜいたく》をして風呂付き九元（一一七〇円）の部屋を選んだ。しかしこの選択は間違っていなかった。部屋内のベッド、お茶、暖房まで幾分か高い私の部屋が格段に勝っていたのだ。

部屋で荷を解いて間もなく、夕食をとるためレストランに向かったが、なんとそこで顔見知りの語言学院と北京大学の留学生五名が揃って食事をとっているではないか。聞くところによると、彼らも明日雲岡石窟を見学するらしい。早速私たちも彼らがチャーターしているマイクロバスに便乗させてもらうことにする。

食事の後は、旅先でしか味わうことのできないバスタブを堪能し、心を躍らせながら持参した資料で雲岡石窟の予習をおこない、日付の変わった一二時半に床についた。

翌二八日は七時過ぎに目覚めたが、外はまだ暗い。朝食後の八時を少し回ったころ、そろって予約していた車で雲岡石窟に向かった。朝もやのなか、石窟に向かう道中は聞いていたとおり、石炭を運ぶトラックと馬車でにぎわっている。そしてこれも耳にしていたとおり車からこぼれ落ちる石炭を拾い集める人たちを多く見かけた。

石窟は一面石炭の粉で覆われたほこりっぽい道を、西に約一六キロばかり走ったところにある古い小さな町、雲岡鎮にあった。そばを流れる武州川の北岸の断崖に、東西一キロにわたって彫られた石窟の雄大さは、一年前に見た敦煌の莫高窟とはまた違った印象を与えてくれた。石窟の一つ一つの規模も大きく、何にもまして砂岩質の断崖に直接彫りこんだ大仏の姿に圧倒された。

五つの遊牧民（五胡）が一六の国を相次いで建て、戦乱に明け暮れた四世紀初めから五世紀前半の華北地方のなかで、最後に頭角を現したのが、鮮卑《せんぴ》族の一支族であった拓跋《たくばつ》氏が建てた北魏だった。王朝最初の皇帝に君臨した太祖道武帝が、三九九年に都（平城京）を置いたときから、四九四年に第六代の高祖孝文帝が河南省の洛陽に遷都するまでの約一〇〇年間は、この中原からは遠く離れた北方の地が華北一帯の政治、文化の中心地として栄えたのだ。

その北魏文化のなかでもひときわ光彩を放っているのが、この雲岡の仏教石窟である。北魏第四代の文成帝が、四六〇年に仏教が盛んだった西方の涼州から、半ば強制連行の形で招聘した高僧曇曜《どんよう》に命じて造らせた五つの大仏（曇曜五窟）は、実は自らを含む四人の皇帝と、即位しなか

雲岡石窟第 20 窟の露座大仏

った父親をモデルとしたものだ。「皇帝即如来」というおよそ本来の仏教思想からかけ離れた姿で登場した北魏仏教は、やがて後の文化に大きな影響を与えることになった。

雲岡石窟と大同の町

壮大な雲岡石窟の歴史的、芸術的意義について語ることなく、中国の南北朝時代の政治、文化の歴史を考えることができないことは言うまでもないが、実は長い間この石窟の存在は研究者の間でも知られてはいなかった。

再発見のきっかけは、旅の途中でこの谷を通った東京大学の伊東忠太博士が石窟を見学し、学会誌で報告したことによる。一九〇二年（明治三五）のことだった。続いてフランスの東洋学の権威E・シャバンヌが一九〇九年から一九年、東京大学の関野貞博士が一九二六年（大正一五）に訪問し、この石窟の重要性を説いた。その後研究者たちの来訪が続いたが、この石窟の研究に正面から取り組んだのが、京都大学人文科学研究所（当時・東方文化研究所）だった。一九三八年（昭和一三）から四四年（昭和一九）年の間、大陸内では激しい戦争が繰り返されていた間も調査は続けられた。そしてその成果は戦後一九五一年（昭和二六）から五六年（昭和三一）にかけて出版した、全一六巻という大部の報告書『雲岡』として結実した。一九五一年（昭和二六）のサンフランシスコ講和条約締結のとき、全権大使の吉田茂氏がアメリカへの贈り物として携えたことも良く知られた話である。

石窟は規模の大きい二〇の窟と少し時期の下がる小型の窟を含めて五三窟から成っている。砂岩の摩崖に彫られた仏像群は大規模なものが多いが、とても温かみのある姿で、これは石質ともかかわるのだろう。この石窟の形式や仏像の様式の研究は、ひとり雲岡石窟だけの問題ではなく、中国各地に残っている北魏仏を考えるうえで重要な意味をもっている。なかでも孝文帝が太和一〇年（四八六）に、それまで着用していた胡族の服装を漢民族の衣冠に変更したことに伴って、それ以降に造られた仏像の衣服もまた、胡式から漢式に変わっていることがあげられる。雲岡石窟の大部分は、四六〇年代から四九四年の洛陽への遷都のわずか三十余年の間に造営されたものである。しかも、四八六年を境に大きく様式が変わることから、この年を基準にして雲岡石窟は前期と後期に編年できるのだ。都で造られたこれらの仏像を物差しとして、各地に存在する北魏仏の年代的位置付けが可能になったことは大きな成果と言える。

私はこの第一回の真冬の雲岡詣以降、翌八二年の夏をはじめ都合六回この地を訪ねている。そのたびに雄大な曇曜五窟の大仏に感動し、豪華で壮大な規模にもかかわらず、緻密な計算のもとに造られた第六窟の美しさに心を打たれる。西暦一世紀の終わりから二世紀初めごろ、ガンダーラ地方で初めて小さな舎利容器の蓋に表現された仏像が、やがて人身大になり、遙か東方のこの雲岡の地で巨大な仏像となってゆく姿には、さまざまな背景が考えられるが、そういったことをすべて包み込んでしまうような圧倒的な力、存在感を感じるのだ。石窟内の仏像の衣や荘厳する装飾にも、西アジアやインドの様式が多く見られ、遙かシルクロードの彼方から伝わった文化を強く実感できるのも、この石窟の魅力の一つといえよう。

外は肌を刺す冷たさだったが、石窟のなかは思いのほか温かい。北魏の孝文帝が太和七年（四八三）に実施した行幸のために造営されたといわれる、第六窟の壁に刻まれた仏伝（釈迦の一生の物語）や本生話（釈迦の前世の物語）の彫刻を、ハンセンと二人で熱心に観察して時のたつのを忘れてしまった。私たちが便乗しているマイクロバスのメンバーは、もうみんな車のなかで待っているという連絡がきて、後ろ髪をひかれる思いで、やむなく石窟を後にすることにした。

ホテルに戻って昼食をとった後は、三人で大同の街中にある上華厳寺、下華厳寺を訪ねた。今は二つの寺に分かれているものの、創建時の遼代（一一世紀）には大華厳寺という一つの寺院だった。下華厳寺には中国でも珍しい遼代の三一体にもおよぶみごとな塑像仏が祀られている。また上華厳寺の大雄宝殿は他に例のない金代（一一一五〜一二三四）の建築で、高く評価されている建物だ。

ヴァイキングの末裔のような立派な髭をたくわえたハンセンと美しい控えめなティーナ夫婦に、日本の小さな男性を加えたトリオは、寒さに震えながらも、高ぶる気持ちのなかで精力的に歩き回った。

充実した一日を終えた後は楽しい夕食が待っている。旅の楽しみの一つでもある。しかし現実はそんなに甘くはない。留学生値段の定食は普通一汁三菜程度で、あまりおいしい料理に出会った記憶がない。今でこそ四季を通じてさまざまな野菜を口にすることができるが、当時の冬の野菜と言えば白菜と大蒜《にんにく》の茎のみ。明けても暮れてもそれだけだ。ハンセンとこれが一番うまいと言いながら、一つ一つ箸でつまんで食べたのは、油で炒ったピーナッツだった。

二九日の朝は七時半に起床。外はまだ薄暗い。次に向かう太原行きの列車は一一時五〇分発なので、朝食の後しばらく街中を散策することにした。しかし、玄関を出たとたんものすごい寒さだ。こんな寒さは経験したことがなかった。それでも北国の二人のあとに続いて街中に向かった。

雲岡石窟第6窟

街中に残る城壁から大同の街を見下ろす

途中古い城壁が残っているのが目に付く。そのうちの一つに登ってみると、ところどころに古そうな土器片も散らばっている。古い街並みを見下ろすところで記念撮影。

それにしてもあまりの寒さにティーナと私はマスクを求めた。ハンセンの髭は凍り、私たちのまつ毛も凍り、太陽の光がまつ毛の氷に反射してキラキラと美しい。足元に積もった雪を踏むと「キュッキュッ」と金属音に近い音がする。ハンセンの話によると、この音でおおよその気温がわかるそうだ。ちなみにこの音だとマイナス二〇度くらいとのこと。さっきまでいたホテルの室内が二五度だったことを思い出し、今自分が置かれている環境に、不思議な感動を覚えるのだった。

蜀の国を訪ねて

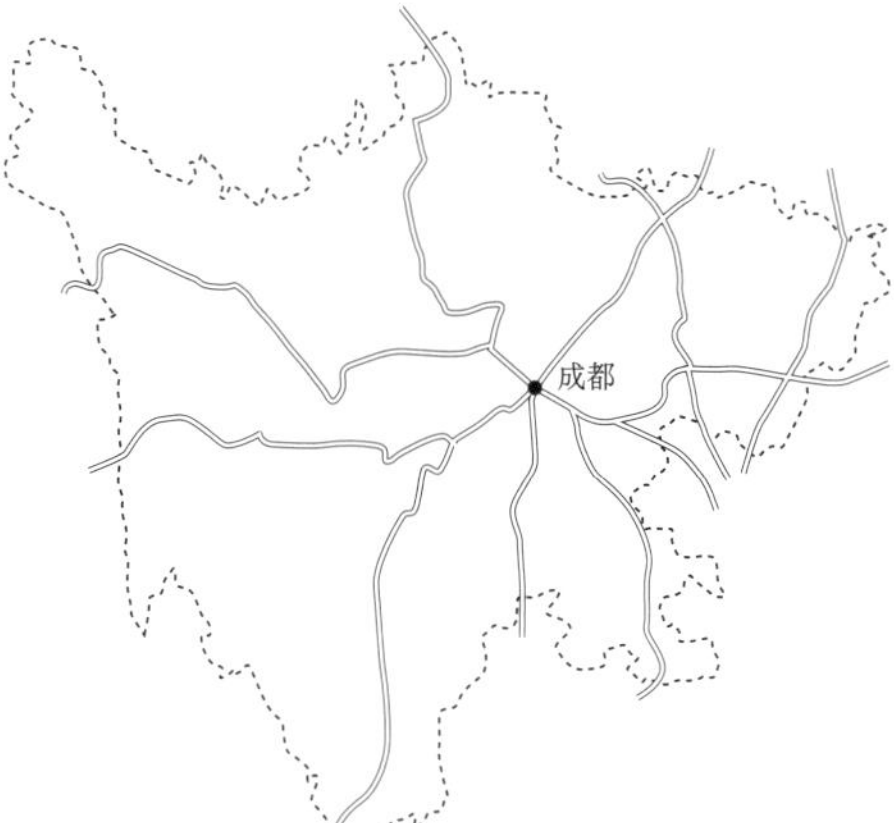

四川省

蜀の都、成都

北京での生活が始まって四カ月が経ち、少しずつではあるけれども異国の生活に慣れてきたころ、私の通っていた北京語言学院では、冬休みを利用して留学生のために教学旅行を企画してくれた。まだ一人旅には自信はないものの、毎日教室で学んでいる中国語がどの程度通じるものか、試してみる絶好のチャンスだった。

コースはいくつかあったが、西安、成都、重慶から船で長江を下る旅を選んだ。一九八二年一月一六日に北京を発ち、二月初めに武漢で解散する二週間余りの旅だった。私は友人の岡村秀典氏と二人で、その後も沙市《さし》、襄樊《じょうはん》、洛陽、鞏県《きょうけん》、鄭州《ていしゅう》と旅し、二月八日に北京に帰り着いた。春節（旧正月）を挟んでの旅だったので、想像を絶する満員列車に乗り合わせることになったり、思いもよらぬ優しさに出会ったりの実に楽しく意義深い日々だった。

旅行団は副院長を団長に、引率の教師が三名、学生は五一名（内一七名が日本人）の大部隊だった。しかし、中国の生活に溶け込もうと努力する若い留学生の間にはなんのトラブルも起こりようがなかった。北京から一昼夜で西安に着き、街中を歩いているとなんとそこで出会ったのが、ついこの間大同を一緒に旅したハンセンとティーナ夫妻と、もう一人のクラスメートのクリスティーナの三人連れだった。団体旅行が苦手な彼らは三人でやってきたらしい。しばらく談笑し、北京での再会を約束して別れた。

私たちは二〇日の午後二時、西安駅から再び列車に乗り、一路成都に向かった。前年の台風後の復旧工事がまだ完全に終わっていなくて、ところどころで徐行運転や臨時停車があり、成都へ着いたのは六時間遅れて翌日の一二時二五分になっていた。

成都は三国時代の蜀（二二一～二六三）の都で、また唐代に玄宗皇帝が安禄山の反乱時（七五五）に落ちのびて、南京と称してしばらく滞在していた都市でもある。真冬なのに緑が豊かで、灰色の北京に慣れていた者にとってはうれしい驚きだった。街中の市場の野菜の豊かさも、北京で白菜と大蒜《にんにく》の茎しか口にできない私たちには感動的ですらあった。ホテルは人民広場を南に下ったところを流れる錦江のほとりに建つ錦江賓館。成都で最も立派なホテルだが、留学生に割り当てられた部屋は、例によって大部屋で、お世辞にも清潔とは言い難かった。ただ食事は、なかなかのものだった。列車での長旅での疲れも忘れて、皆新鮮な野菜に歓声を上げながら、ひたすら食べた。

午後は街に出て杜甫草堂《とほそうどう》と武候祠《ぶこうし》を訪ねた。あまりにも有名な唐代の詩人杜甫（七一二〜七七〇）は、ここで剣南節度使《けんなんせつどし》の厳武《げんぶ》の参謀として仕え、厳武の推薦で検校工部員外郎に任ぜられた。彼が「杜工部」と呼ばれ、作品名が『杜工部集』というのもそのことに由来している。彼は「安史の乱」後の四年間をこの成都で過ごし、二四〇首の詩を残しているが、その旧居がこの草堂なのだ。もちろん後の時代に手は加えられているが、少なくとも彼の見た自然の風景は変わっていないだろう。そう思うと周りの景色が懐かしく思えるから不思議なものだ。

蜀の名宰相だった諸葛亮《しょかつりょう》（孔明）を祀る武候祠は、彼の主人の劉備玄徳《りゅうびげんとく》の陵と同じ敷地内にあった。あの『三国志演義』の二大主人公の故地に立っているのだと思うと、ここでも子供のころからの感慨に浸ることになった。あたりには竹林が多く暖かで、竹で編んだ小屋風の建物に、竹製のテーブルと椅子を置いた茶店が並び、温厚そうな老人たちが茶を飲みながら談笑している姿を見ると、殺伐とした冬の北京がまるで嘘のように思え、あらためて蜀の地の豊かさを実感することになった。

翌二二日は、道教の聖地として名高い青城山、岷江《みんこう》上流に戦国時代（紀元前四〇三〜二二一）に造られた中国最古の堰、都江堰《とこうえん》の見学が予定されていたが、私たち数名は別行動をとり、街の西北部にある王建墓を見学し、午後は四川省博物館を訪問した。

別名永陵とも呼ばれる王建墓は、全国重点文物保護単位（国指定史跡）に指定されている。墓の主人である王建（八四七～九一八）は、河南省舞陽県の人。もとは屠牛を業としていたが、後に唐の忠武軍に参加し実力を発揮して隊将となった。やがて唐末の争乱に巻き込まれ、八八六年には皇帝の僖宗《きそう》に従って四川に逃れてきた。そこで利州刺使となりめきめきと頭角をあらわし、八九一年には西州、八九七年には東州を押さえて河南省南部まで勢力圏を広げた。そこで九〇三年に唐の昭帝は、王建を蜀王に任じたのだ。九〇七年の唐の滅亡ののち、王建は自ら皇帝を名乗り国号を「蜀」、歴史上言われる「前蜀」とした。王建は九一八年に病没し、この地に葬られたが、その子の王衍《おうえん》が九二五年に「後唐」によって滅ぼされるまでの三五年間が「前蜀」の短い歴史だった。

成都から大足へ

王建墓は直径八〇メートル余り、高さは約一五メートルの大型の円墳だった。美しく整備された入り口から墓室に入ると、内部は前、中、後の三室に分かれていた。この時期は歴史上では五代十国の時代とされ、唐末期の戦乱に明け暮れた日々をイメージしていた私にとって、この墓内に一歩入ったとたん思わず驚きの声を上げずにはいられなかった。

墓室の全長は二三・四メートル、その主室である中室に棺が安置されている。棺の両側には一二力士の彫像が置かれ、棺床の東、西、南の三面には楽伎二四人が刻まれている。その内容は、舞踏の二人をはじめ、琵琶、箏、鼓、笛などの楽器演奏者が合計二二人におよび、宮廷楽団の姿を再現させている。またこの楽伎の四周と棺床北側の面は、龍、鳳凰、雲文などのデザインで飾られている。さらに奥の後室には墓に埋葬された王建の石彫坐像がひかえていた。

これらの彫刻群は中国古代の彫刻のなかでも特に優れたもので、そのうえ古代音楽史上でも貴重な資料となっている。出土した遺物は、墓のそばに建つ陳列室で見ることができる。玉製の大帯、哀冊、各種の銀器、各種の銅器、鉄牛など、唐、五代文化の粋を表した品々だった。特に冊は日本の短冊形墓誌との共通性を指摘する意見もあることから、来華直前に太安萬侶墓誌の発掘調査報告書をなんとか出版できた私にとっては、特に感慨深い品だった。この墓は一九四二年に調査され、立派な報告書も出版されている。

興奮冷めやらぬ気持ちでホテルに帰り、昼食をとった後、早速四川省博物館を訪ねた。この博物館には漢代から三国時代の画像塼が多い。長方形、もしくは正方形の煉瓦状の生乾きの塼に、生活風景、動物、植物、幾何学紋様などさまざまなモチーフをスタンプし、焼き上げたものを組み合わせて墓室内を飾るのである。ひそかに期待していた、成都市郊外の万仏寺から出土した仏像にも出会うことができた。梁の中大同三年（五四八）の銘のある観音像などは、南朝の数少ない仏教遺物で、北魏様式の厳しさとは幾分か趣をことにした温かみを感じさせる姿であった。

静かな館内を歩いていると、椅子に座った中年の女性館員が熱心に日本語の論文を読んでいるのに気づいた。興味があったので聞いてみると、なんと私と入れ替わりに帰国した研究所の先輩の菅谷文則氏の「耳飾り」についての論文ではないか。おまけにそのなかには私の名前まで登場してくるとあって、彼女は驚くやら、私は懐かしいやらでしばらく話に花が咲いた。

二三日は朝からバスで成都から約二五キロにある新都まで行き、宝光寺を参拝。この寺の歴史は古く、後漢のはじめに創建されたと伝えられているが、現在の堂宇は清朝の初期の康熙九年（一六七〇）以後に建てられたものがほとんどである。七仏殿、大雄宝殿など五つの殿舎をはじめ一六の院があり、二万平方メートルの境内は往時の姿をとどめていた。美しく広い境内は、市民の憩いの場になっているのだろう。思い思いの姿で散策する人たちであふれていた。

午後は成都の古い街並みを散策した。春節を明

留学生仲間と宝光寺前で

後日に控えた成都の街中は活気に満ちていた。生きたままの鶏を編み袋に入れて家路を急ぐ人、豚の頭の干物を藁で縛ってぶら下げて歩く人、路上の屋台に大きい肉塊を吊して切り売りしている様子などは、まるで漢代や唐代の古墳壁画や画像石、画像塼墓の世界が眼前に現れたのでは、と錯覚しそうな光景だ。二〇〇〇年の時の流れをふと忘れさせる瞬間だ。そういえば以前インドやパキスタンの田舎を旅したとき、モヘンジョダロやハラッパーの遺跡で出土する土製のミニチュア品と全く変わらない牛車を目にしたときと同じ感動だった。

成都はもっと滞在したい町だったが、夕刻七時に列車に乗り、長江中流の大都市重慶に向かった。夜行列車のなかでも、陽気なイタリア青年のアンジェロや、カナダのケベック出身のイワンたちが盛り上げ役に徹して、時の経つのを忘れさせてくれる。

重慶に着いたのは翌朝八時二〇分、ほぼ半日余りの夜行列車の旅だったが、みんなさわやかな顔をしている。下車すると間もなく駅前で待つバスに乗り換え、私にとっては今回の旅の最大の目的地、大足《だいそく》に向かった。九時に出発したバスはひたすら田舎道を走り、一二時前に虎峰の近くで約二〇分休憩。

窓外の景色を目にしたとき、中国に来て初めて本当の田舎にやってきたという印象を強く感じた。大都市では政府の重要施策である夫婦一組に一人の子供の制度が守られつつあるのに、この子供たちの多さはなんだろう。物陰から飛び出し、私たちの車に大はしゃぎで小石や泥を投げてくる子供たちの群れに、愉快さとともに中国政府の苦悩を思った。なにしろ国民の八割はまだ農

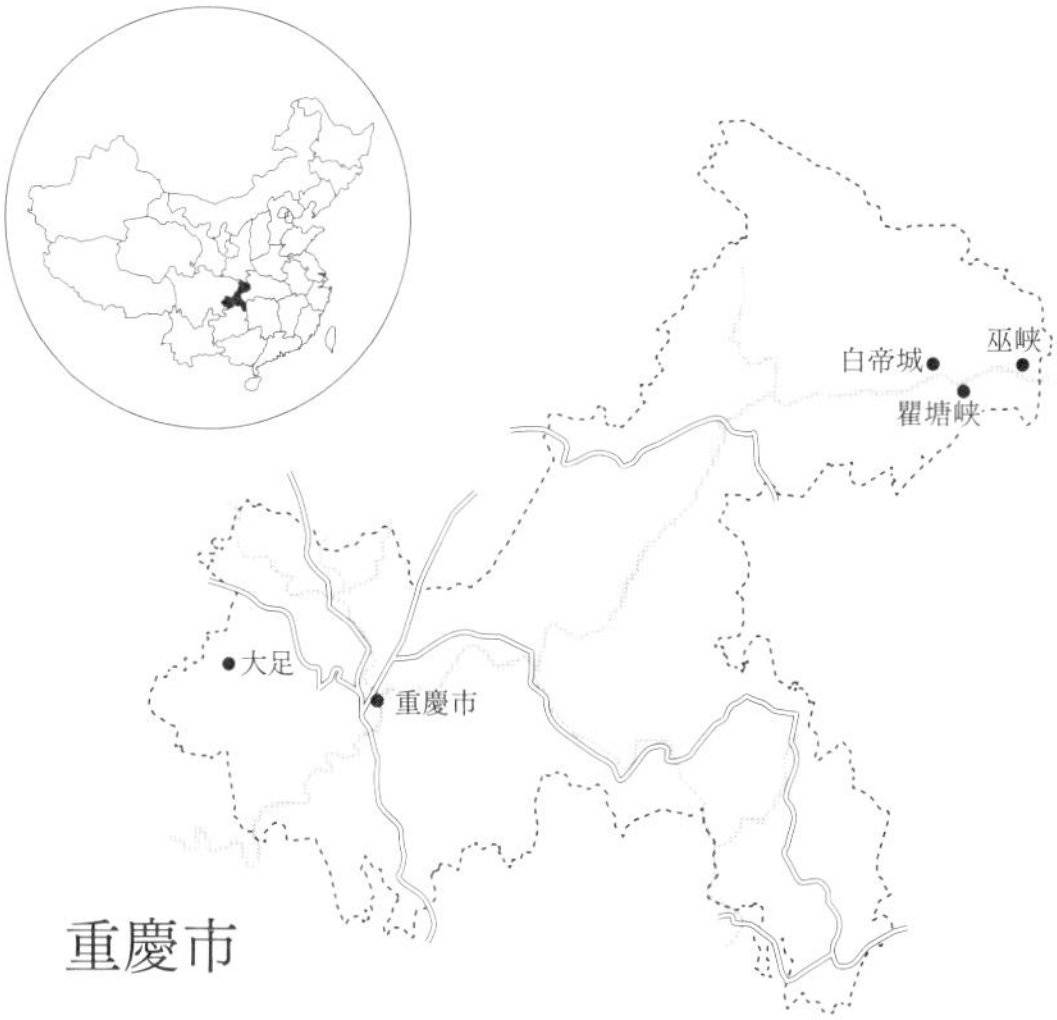

重慶市

業に従事する人たちなのだ。家族にとって一人でも働き手が多い方が良い責任生産制と、人口抑制策というあい矛盾する政策を出さざるを得ない現在の指導者の悩みは大きいものだろう。

しかし、そういった現代中国の農業問題をよそに、私たちのバスは田園地帯をひた走った。青い麦畑のそばの水田には水が張られ、間もなく田植えが始まるらしい。大足県招待所に着いたのは午後二時。重慶を発ってからすでに五時間が過ぎていた。

大足石刻

重慶からの約五時間のバスの旅は、まったく退屈しなかった。殺伐とした冬の北京にいささか辟易していた私にとって、緑豊かな四川の田園風景は新たな精気を与えてくれるような気がした。心温まる熱烈歓迎のなかで遅い昼食をとった後、休む間もなく石窟の見学に向かった。

大晦日の慌ただしい、しかしどこか晴れやかな街中を通って、坂道と石段を北山に向かって登っていった。

大足石刻は晩唐（九世紀末）から両宋（南宋、北宋〈一三世紀〉）にかけて造られたもので、石刻像造は五万体を超えている。分布はこの大足県城を中心に、周囲四〇カ所にも及んでいて、そのうちの一三カ所が文物保護単位（史跡）に指定されている。これらを総称して大足石刻と呼んでいるが、なかでも県城近くの北山と宝頂山地区に集中しており、規模もこの二地区が特に大きいものである。私たちはこの旅で大足石刻のうちの二大石窟を見学しようというわけだ。

あえぎながら登った北山の、大足の街を見下ろせる場所には宋代のみごとな塔がそびえ、その丘の麓の仏湾と呼ばれる一帯に石窟は分布している。

この北山は古くは龍崗と呼ばれていたという伝えが残っているが、まさに崇高な龍が住んでいそうな神々しいところという気がしないでもない。県城から約二キロはあろうか。この山頂は、唐末の昌州刺使であった韋君靖《いくんせい》が造った永昌塞《えいしょうさい》の遺跡でもある。当時、この地域を支配した権力者の城塞としても格好の地であることは、この場に立ってみると良く理解できる。当然のことながら、彼がこの北山石刻の主要な建造者で、石刻造像の始まりは、唐の景福元年（八九二）であることがわかっている。その後造像活動は五代、南宋にかけて二五〇年にわたって活発におこなわれて、この地区だけで一万体に近い仏像が仏湾を中心に山を囲むように彫られている。さながら仏の世界をこの地上に再現しているようだ。観音、地蔵、阿弥陀と人びとに愛される仏像のほか、唐、宋代の歴史上の人物が見られるのもこの石窟の特徴といえる。なかでも一三六号の「心神車窟」は南宋の紹興一二年から一六年（一一四二〜四六）に造ったという銘文が残っていて、基準資料としても大事なものだが、六×四メートルの窟の奥中央に釈迦、側壁に文殊、普賢、観音菩薩など、二メートル前後の像が並ぶ姿は圧巻だ。

仏湾は南北二区に分けることができ、南区には晩唐と五代、北区には南・北宋時期の作品が多く、南から北へと造られていった様子を知ることができる。ほぼ見学順に並んでいるため、少し詳しく造像の衣服などを観察すれば晩唐から五代、宋へと複雑化してゆくことが見てとれる。

なにしろ写真撮影が禁止されているため、少しでも脳裏に焼き付けなければと夕闇迫る岩山の間を歩き回った。そして、ともすればそのあまりの写実性から、一歩外れ卑俗性へと進む傾向にある宋代彫刻の危うさ、妖艶さのなかに典雅さ、崇高さをもつこの石像群のすばらしさに圧倒されつつ、すっかり暗くなった坂道を下った。

翌日は春節である。大足の街は夜に入ると、ますます活気に満ちてきた。家々の門口には赤い対聯《ついれん》（漢詩の対句。美しく縁起の良いものが好まれる）が貼られ、提灯を吊している。私たちまでもが心なしか浮き浮きしてくる。六時半ごろ宿舎にたどり着き早速夕食だ。豪華な料理に一同大喜びだ。この食堂で、その夜年忘れパーティーを開催することを急遽決定する。

それぞれ思い思いにドレスアップして午後九時からパーティーは始まった。副院長の挨拶をか

大足石窟 133 窟　水月観音像（宋）

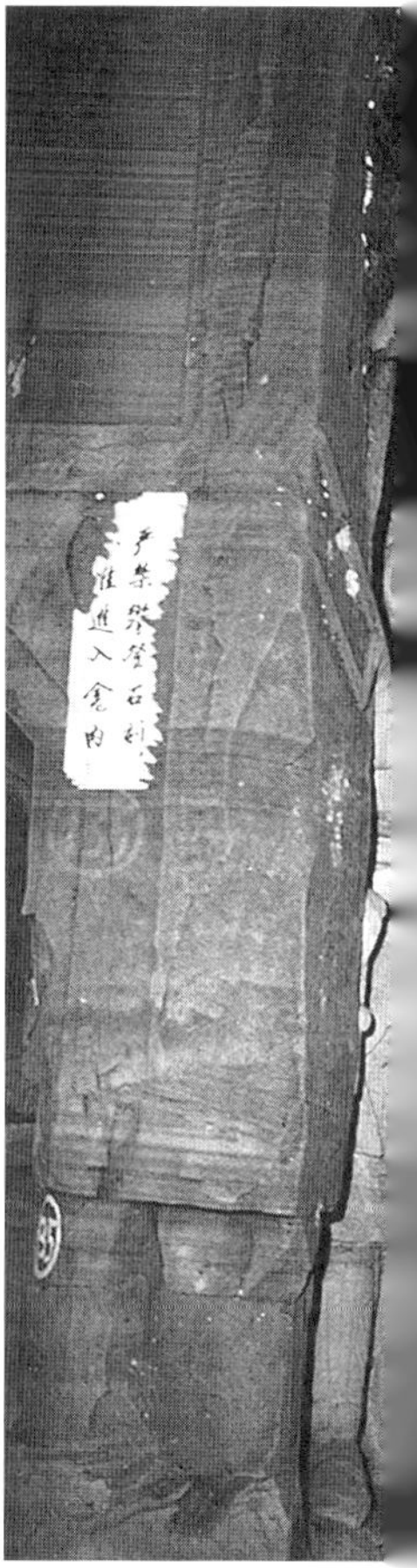

わきりに、各国の友人たちが次々とお国自慢でのどを競った。アメリカ、フランス、イギリス、デンマーク、ユーゴスラビア、オーストラリア、アイルランド…… 四川省の山奥で、大晦日にこんなパーティーがおこなわれようとは数年前の文革時代には想像もできなかっただろう。この歴史の大きなうねりのなかに自分がいることに感動を覚えずにはいられなかった。

私たち日本チームは、かわりばえもなく「さくらさくら」の合唱を披露した。その後、いつの間にか会場はディスコハウスになっていった。一二時になると、数名の若者と先生が中庭で花火を打ち上げ始めた。ムードは最高。お互い「新年好《シンネンハオ》(新年おめでとう)」を連発。中国で初めて本当の正月気分になった。旧暦生活にはまったく縁のなかった自分が、この輪のなかにいるとその気になるから不思議なことだ。明日の正月はもう一つの宝頂山石刻の見学だ。昼間の見学の余韻と、パーティーの楽しさと二重の喜びに包まれたなかで床についた。

宝頂山石刻

一夜あけた二五日は新年である。元旦は県城の東北一五キロの山上にある宝頂山の見学から始まった。朝食のあと九時に宿舎を出発し約三〇分で目的地に着いたが、途中水田のなかの曲がりくねった道を走る車の両側は徒歩で山頂に向かう人でいっぱいだ。荷台に人を満載したトラックも次々とやってくる。こんな農村のどこにこれほどの人が住んでいるのだろうと思うくらいの人、人。

山頂にある寺の周囲には数々の屋台が並び、ラーメンや揚げ物などの食べ物屋は、もう大入り繁盛の様子。そんななか、私たち外国人留学生の一行は、突然現れた見せ物興行の一団かロケ先に登場したスターといったところだろうか。瞬く間に周囲を取り囲まれ、サインは求められないものの穴の開くほど眺められ、一部勇気のある連中からは次々と同じ内容の質問攻めに遭う。しかし私は石窟を見に来たのだ。彼らと談笑する男優、女優とは別れて造像群に向かった。

この宝頂山の摩崖造像と石窟は、宋代の名僧趙智鳳《ちょうちほう》が中心となって造ったものである。またこの地は密教の中心地としても栄え、南宋の淳熙《じゅんき》から淳祐《じゅんゆう》年間（一一七四～一二五二）の約八〇年間に渡って営造された広大な規模の密教道場でもあった。刻まれた仏像は一万体を超え、大仏湾、小仏湾と呼ばれている地区を中心に整然と配置されている。大仏湾はあたかも入り江のようになった馬蹄形の地形で、長さは約五〇〇メートル、高さは一五～三〇メートルもあり、東、南、北の崖面と石窟のなかのほぼ全面に三一幅の大型彫像群が刻まれている。石刻造像は、山や岩の形

春節でにぎわう宝頂山の寺の境内

をそのまま取り入れているため壮観で、雄大な大パノラマを見るようだ。よく知られた経変故事（経典に書かれた物語）が一九幅もあるが、同じ題材は一つもなくお互いがうまく連続しあっている。つまりこの壮大なカンバスのなかにすべて計画的に造られているのだ。その技術、構成力のみごとさにただ驚くのみだ。前日見学した北山に比べると、時期が少し下ることもあって造像の題材は広がり、庶民の生活の内容、また地方色もよく表されている。なかでも当時の農村生活の姿を描いた「牧牛道場」、「父母恩経変」、「六師外道」といったテーマのなかの「笛を吹く供養者」や「鶏を飼う女」などは、宋代の庶民の様子がリアルに表現されている。石刻全体の構図も新しく、創造力豊かなことも大きな特徴だ。伝統的な形式と創造的なものとがみごとに調和している例として、中心的な位置に造られた全長三一メートルに及ぶ涅槃像がある。横たわった釈迦の像や、それを取り囲む弟子や信者たちの上半身は刻んでいるものの、下半身は自然の岩のなかに埋まっているように造られているのだ。これは彫刻の形では表現できない方法で作者の思想を表し

鶏を飼う女

たものと言うこともできよう。

宝頂山で最も優れた作品は、第八五窟の千手千眼観音像だろう。崖面に一〇〇平方メートルの面積をもつこの観音像は、高さは三メートル足らずだが、後ろに羽を広げた孔雀を表すような千本の手が表現され、そのすべての手のひらに眼が刻まれている。さらに驚かされるのは、その手は一本として同じものがないことである。中国ではこの宋代を節目として石窟の開鑿《かいさく》は急速に衰退してゆくが、私はこの光背のような千手の姿を見ていると、石窟芸術の最後に放たれた光のような気がしてならなかった。

門前に並んだ屋台の前の人だかりに負けず、石窟や摩崖造像の前にもたくさんの人がいた。しかしそのほとんどは、ポーズをとりながらカメラに収まる若いカップルや親子連れだった。そんななか、私の注意を引いたのは造像群の一角で香を焚き、一心に祈る人たちの姿だった。中国にやってきて約半年、北京や西安の寺院、雲岡の石窟などを訪ねてその仏像のすばらしさに感動を受けることはあっても、香のかおりは漂わず、僧の姿に出会うこともないことに違和感をもって

路傍に刻まれた石仏

いたが、この光景に出会って何か心の隅にあったわだかまりのようなものが、線香の煙とともに消えてゆくような心地よさを感じた。

今は残っていないが、かつてこの石窟内に大きな仏足石があったとの伝えが、ここの地名「大足」の由来とのことだが、敬虔な信者の姿に、この土地の人びとの心のなかには仏足石を慕う想いが今もなおしっかりと守られていることを確認し、喧噪のなかを後にした。

大足の見学の後再び重慶に戻った一行には、この旅のハイライト、長江を船で下るいわゆる「三峡下り」が待っていた。

重慶からの船旅

大足から重慶に戻った私たちは、春節でにぎわう街中で一日過ごした後、山峡下りに出発した。重慶の町は、長江と嘉陵《かりょう》江の間に挟まれた半島状の丘陵地形の上にあるため、やたらと階段が多い。船から降ろした重い商品を担いあえぎながら階段を登る姿は、当人には申し訳ないが、いわば重慶の風物詩とでもいえようか。長江の水運を利用した商業の町、また工業の町として栄え、二一世紀以降には周辺部の地域をも合併し、人口は一五〇〇万人を超えた。町の人口としては、中国はおろか世界一である。しかし、私が最初に訪ねた一九八二年のこの旅のころは、まだ国民党政府の臨時首都であった時代の面影を、街のあちらこちらで見かけることができた。長江を下る船着き場は、二つの川が出会う町の北端にあった。

ここで中国最大の大河、長江と三峡について簡単に述べておこう。全長六三〇〇キロにおよぶ長江は、遙か西の青蔵高原に源をもち、宅宅《たた》河、通天河《つうてんが》、金沙江《きんしゃこう》と名を変えながら四川省の宜賓《ぎひん》あたりから普通長江と呼ばれるようになる。ちなみに私たちが耳慣れた揚子江とは、下流の鎮江の対岸に、かつて揚子津という渡し場があり、その周辺を揚子江と呼んでいたことに由来する。日本や欧米の人たちが眼にしやすかった名が広まったのだろう。

中国には世界四大文明の一つと言われる黄河文明がある。黄河流域に生まれた今から七、八千年前の新石器時代初期の文化で、粟《あわ》や黍《きび》を主食にしていた。やがて中国の華々しい古代王朝に引き継がれる文化だが、最近考古学者や自然科学者を中心に長江文明の存在が示されるようになってきた。長江中、下流域を起源とする稲作を主体にした文明で、今では一万年前まで遡れるのでは、との見解も出されるようになった。長江流域の新石器時代の遺跡には、黄河流域とは違ってみごとな玉製品が多く見られることも不思議なことではあったが、やがて解明されるだろう。このことは日本への稲作文化の伝播の時期ともかかわる問題なので、考古学、古代史研究者は眼が離せない。

この長江中流、重慶から宜昌《ぎしょう》までの約六〇〇キロを三峡地区と呼んでいる。ここは川幅が狭く水量も多く、周囲の山容が迫り、景勝の地となっている。なかでも『三国志』で有名な白帝城《はくていじょう》の近くの瞿塘峡《くとうきょう》、美しい神女峰を左岸に望む巫峡《ふきょう》、屈原《くつげん》祠や王昭君《おうしょうくん》の故郷の地といわれる近くにある西陵峡《せいりょうきょう》の三つの峡谷が、三峡と呼ばれる観光客や歴史愛好家の人気スポットだ。この地区は水量も多く、歴史上数多くの水害をもたらしてきた。その災害を克服するためと、増加した電力消費をまかなうための大事業、三峡ダムの建設が進み、二〇〇九年の完成は目前になっていた。私はこの事業を複雑な思いを抱いて見守ってきた。

この国家的な事業の計画が初めて出されたのは、辛亥革命を成し遂げた孫文が打ち出した、一九一九年の「建国の方策」のなかでだった。しかし、第一期工事が始まったのが実に七五年後の一九九四年のことだ。完成時の年間発電量は、中国の年間消費電力の半分をまかなえるといわれる八四七億キロワットという数字が示されている。ダムの満水時の水位は一七〇メートルにもなるという。万里の長城以来の快挙といえよう。

しかし、これは二〇世紀に培われた人類の技術の集大成であるという意味をもつと同時に、危うさをもあわせもつ象徴的な事業ではなかろうかと私は思っている。長江流域に残る旧石器時代以来の古代人の生活の跡は、中国各地から派遣された考古学研究者たちによって調査されたが、もちろんそのほとんどは湖底に眠り再び私たちが目にすることはない。ダム建設によって一一三万人の住人は移住を余儀なくされた。自然環境の大きな変化によって動植物の生態系にも影響はあるだろう。湖底に堆積する大量の土砂の浚渫《しゅんせつ》方法など、計画された当初にはあまり重要視されていなかった問題も、すべて解決しているわけではない。

いま人工的と見られる自然環境の破壊が、地球の温暖化にどの程度影響を与えているのか、さまざまな研究が進められているが、日本の「地球科学技術総合推進機構」が人工衛星で撮影した映像を分析し、歴史、地理的な検討を加えて将来を展望しようという研究をおこなっている。ここ数年来、古代文明の花開いた大河に焦点を絞って環境変化を追ってきた。私はこの研究の長江の調査に考古学の立場で参加したが、そのなかで、古代以来の人びとがいかに自然とともに歩んできたかということを示す多くのものに出会うことができた。

長江流域の人たちが長年にわたって残してきたこの川の洪水、渇水記録がある。流域全体で二八〇〇カ所、六〇年にわたる年代記録が残されている。なかでもダムに沈む三峡地区には千年余りの間の洪水記録が一七四カ所も残されているのだ。洪水の年月日、水位などが直接周辺の岩に刻まれているわけだが、なかでも驚かされるのは一八七〇年の大洪水時のことで、なんと水位が五九・六メートルも上昇していたのだ。

いっぽう渇水記録はといえば、水量の少ない冬から春に現れる川底の岩に魚形を刻み、それを基準に水位を示すという方法をとっていた。沿岸の住民はほぼ周期的にくる洪水に備え、また渇水の翌年には豊作の期待を夢に暮らしていたのである。そこには自然とともに生きる人びとの姿があった。しかしその記録とともに、多くの住民が過ごした村々も湖底に沈んでいった。

この旅からもう三〇年が過ぎた。三峡ダムは完成し、その電力は著しい発展を遂げつつある中国社会に貢献していることは間違いない。しかし、以前とは全く異なる景観を目にしたとき、果たして二一世紀の人間の叡智が、雄大な自然にどのように対応できるのかを問われているような気がしてならない。

三峡下り

一月二七日、重慶最後の朝はこれからの船旅への期待からか、四時前には目が覚めたが、船の出発は六時だ。ゆっくりと荷造りをして五時四五分に出発。まだ夜明け前で、あたりは真っ暗ななか、バスに乗り長江の船着き場に向かった。私たちの乗船する「東方紅四二号」は、お世辞にも美しいとはいえない船体だったが、これからの数日間をともにすると思うとなんとなく親しみを感じるから不思議なものだ。七時過ぎ、上流に向かって繋がれていた船はゆっくりと方向を変え下流に向かってスタートした。あたりの景色が白んできたのは、出航してしばらく経った七時四〇分ごろだったが、残念ながら天気はあまり良くない。しかし、朝食のあとはデッキの後方に陣取り移りゆく景色を眺めた。両岸には大小の岩肌が続き、その上には野菜畑だろうか、わずかな耕地と小さな民家が点在する詩情あふれる風景に心を奪われる。そして傍らにはユーゴスラビアからの美しい留学生ヴィクトリアがいる。しばらく楽しくロマンチックなひとときを過ごす。

昼食前、同じく風景に見入っている中国人の若い夫婦と知り合いになった。彼らは休暇を利用して、この船で上海への五日間の船旅だそうだ。私たちの言葉はなんとか通じるものの、彼らから返ってくる言葉はほとんどわからない。筆談を交えた会話で、なんとかお互いの意志を伝えあうことができた。これも学校が私たちに与えてくれた課外実習なのだろう。

船上での初めての昼食はメニューの数は少ないものの、思っていたよりもおいしくてひとまず一安心する。なぜかといえば、中国国内を列車や船で長期旅行をするとき、その乗り物のコックの腕によって旅の楽しさが大きく違ってくることがあるからだ。この旅からずいぶん後に、一人で北京から福建省の福州への長距離列車に乗ったときのこと。丸二日余りの旅で、あまり味のないラーメンを毎日食べさせられた経験がある。今では考えられないが、忘れられない思い出だ。

午後もデッキで、ヴィクトリアと移りゆく景色を眺める。天気は思わしくないものの、やはり北京などの北方とは違い、肌に当たる風もさほど冷たくは感じられない。途中から同じユーゴスラビアのマリーナとヴェスナ、岡村秀典氏と村松伸氏（現・東京大学教授）が会話に加わる。目指していた石宝寨《せきほうさい》が現れないうちに四時半ごろ万県の埠頭に着いた。川縁で洗濯する人や上下船する人たちの写真を撮っているうちに、ついうっかりしてカメラケースを流れのなかに落としてしまった。思いの外、水流は速く、瞬く間に流されてしまった。

午後六時、石宝寨のそばを通ったものの夕闇が迫っていたため、シャッターチャンスを逃してしまった。夕食の後はリビングルームで日記をつけ、静かな時を読書で過ごした。

仲間と別れ二人旅

船旅二日目の朝は七時半に目覚めた。三峡の最初の瞿塘峡は早朝六時に通過したらしく、残念ながら見過ごしてしまった。一足先に甲板に出ていた友人の話では、天気はすこぶる悪いようだ。出発の日に引いた風邪が少し良くなっていたところだが、また喉の調子がおかしくなってきた。

久しぶりに快適な旅を数日間送れたのにと思うと憂鬱になる。そのうえ夜遅く着く沙市では、一〇日余り共に旅した仲間とも別れ、岡村秀典氏との二人旅が始まるのだ。なんとしても体調に注意しなければならない。

甲板に出ると前日とは打って変わって風がとても冷たい。時々霙《みぞれ》も降ってくる。長江の川幅は狭くなり、両岸は切り立った絶壁が続く壮大な眺めだ。所々に壁に張り付くように民家が点在している。まるで水墨画の風景だ。二番目の巫峡、最後の西陵峡を過ぎると、途端に川幅は広くなり周囲の山並みも穏やかな眺めに変わった。午後三時ごろ、葛州ダムを通過。このダムの通過方法を説明しておこう。

ここは二〇メートルの水位差があるため、私たちの乗った船はまず第一門に入り、いったん扉を閉め水と共に二〇メートル下降し、そこで開いた第二門からダムの下流に出るという仕組みである。この奈落に落ちるような光景を見るための客がダムの周囲にはいっぱい集まっている。私たちも船首に立って通過の経過を見守った。第二の扉が開

葛州ダムを通過する船

くと眼前は一気に開け、そこは工場が建ち並ぶ宜昌《ぎしょう》の町である。

東方紅四二号は一日半の狭い三峡の航海を無事に終え、心なしかゆったりと落ち着いて下流の航行を開始した。船内にも心地良い音楽が流れている。

夕食を終えた八時ごろ、仲間たちが我々二人の送別会を開いてくれるという。ビールで乾杯し、久しぶりにみんなのペースに乗せられ唄い、一一時前に「蛍の光」で解散する。引率の崔《さい》老師が親身に世話を焼いてくれて、船上にいる人民警察官に私たちのことをあらためて頼んでくださった。

船は一一時半ごろ沙市の埠頭に着いた。不安は多少あったがそれは言葉の問題だけで、それも達者な岡村氏と一緒なので大丈夫と心に決めてタラップを降りた。寒いなか、多くの友がデッキから見送ってくれた。崔老師はわざわざ下船して沙市の人民警察の方にも声をかけてくださった。船は二〇分後に岸壁を離れ、真冬の深夜の港

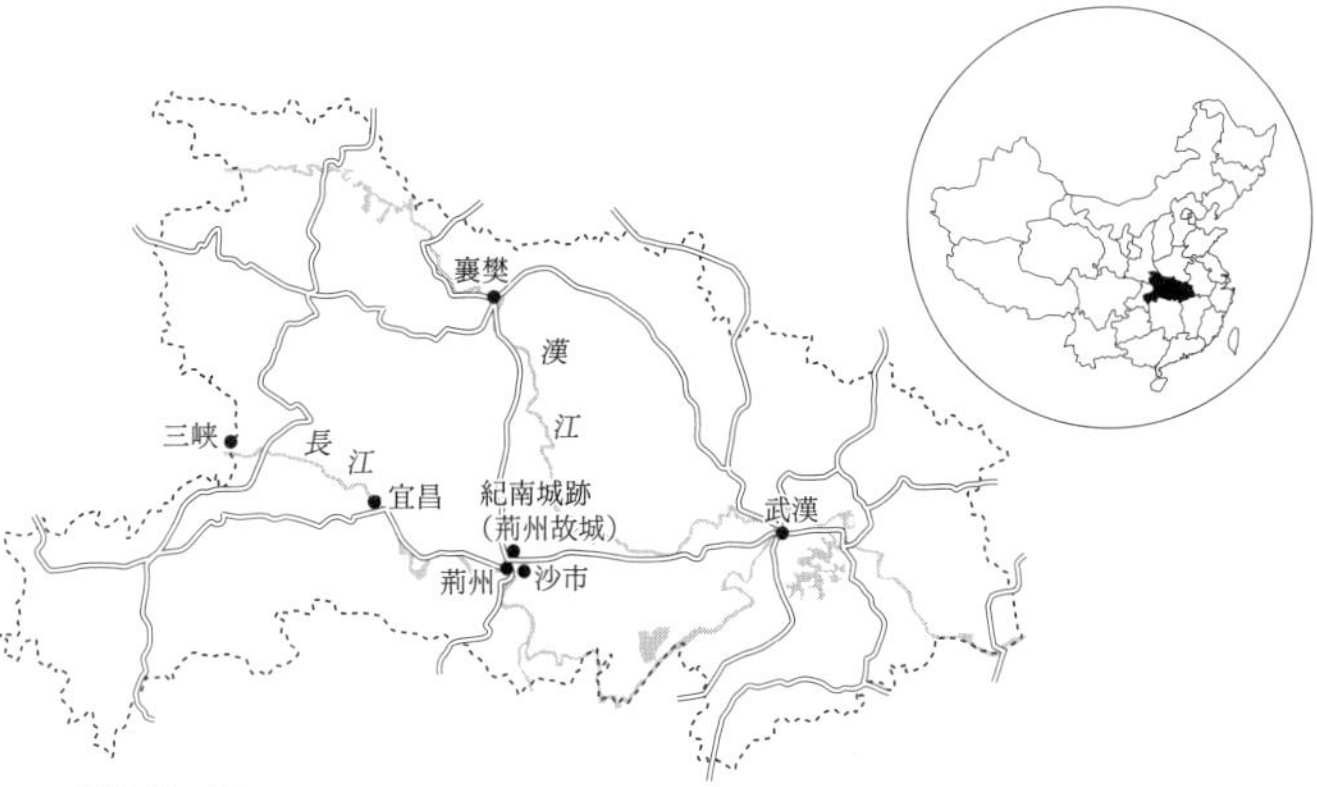

湖北省

に日本人は二人きりとなった。

私たちは人のいい人民警察のお巡りさんとその助手の青年の二人の自転車の荷台にバッグを載せてもらい、前もって連絡してくれていた章華飯店（少し前までは沙市革命委員会の招待所）に向かった。真っ暗な寒い夜道を歩きながら、周りの人たちの親切に心は温かかった。

宿は歩いて一〇分のところにあった。健康そうな若い女性の服務員が三、四人現れて部屋に案内してくれた。親切な警察官にも厚く礼を言って帰ってもらった。部屋は春節の休暇で作業員がいなくて、暖房用のスチームが入っていないらしい。しかしなによりも宿にありつけただけでも嬉しかった。岡村氏と二人、この幸せを喜びあった。深夜一時、やっとベッドに入ったものの、寒さのためなかなか寝付けなかった。

翌二九日、八時に服務員の声で目覚める。といっても実は明け方まで寒さで寝られず、六時前にセーターを重ね着してやっとうとうとできただけだった。岡村氏も同様だったようだ。

八時半、中国人食堂でスープ、餃子、肉まんの朝食をとり、国際旅行社の手配してくれたタクシーで、最初の目的地の紀南城と荊州《けいしゅう》博物館に向かった。とても寒くて粉雪が絶え間なく降り、車のヒーターがあまり効かず、運転手のフロントガラスがすぐに凍り、前が見えなくなってしまう。危なくて気が気でない。運転手には何度もヒーターをそのままにしてワイパーを動かすように告げるが、彼はもったいないためか時々車を止めて外側からフロントガラスの氷を拭き取っている。押し問答の末、やっとヒーターをかけ続けることになり、なんとか二〇センチ四方くらい

紀南城城壁跡

の範囲は見えるようになった。戦国時代の楚の都、紀南城を訪ねる旅はこのようにして始まった。

戦国時代の楚の都として繁栄した紀南城は、二〇〇〇年以上経ってなお、当時の面影を多く残していた。私たち二人は粉雪の舞うなか、寒さも忘れて城壁に沿ってひたすら歩いた。発掘された遺物は、新しい荊州博物館に並んでいた。なかでも前漢代の鳳凰台一六八号墓は圧巻だった。墓に葬られている人物の名は遂《すい》。漢の文帝一三年（紀元前一六七）五月一三日に亡くなった人物である。ガラス張りの展示ケースが室内の中央下に置かれ、参観者が地下に葬られている状況を見ることができるように配慮されていた。私たちは二階の手すりに寄りかかってのぞき込むのである。遺骸は、ついこの間亡くなったばかりかと思えるほど保存状態は良い。立派な棺はさらに外部を分厚い木槨で覆っていた。私たちがよく知っている湖南省長沙の馬王堆《まおうたい》の夫人の遺骸よりも状態は良かった。それにしても衣類を取られ、わずかに下半身の一部を布で覆っただけで、白日の下にさらされたような被葬者の姿を目にしたとき、考古学を専攻する私でさえ少し違和感を覚えずにはいられなかった。

盗掘にも遭わず完全に残っていた副葬品は、漆器だけでも一六四点、絹や麻の染織品、さまざまな陶器、食料のほか硯や墨、筆、さらに四六点の木俑などがあった。

　この荊州の地は、長江が中流から下流へと流れを変える近くにあたっている。交通の要衝でもあり、三国時代に劉備玄徳《りゅうびげんとく》が天下を狙って最初に入ったのがこの地だった。彼は名参謀の諸葛孔明《しょかっこうめい》の意見に従って蜀（成都）に移り成功したが、博物館に並ぶみごとな品々を見ていると、この地を目指した歴代の武将たちの姿と想いが浮かんでくるようだった。

　私たちはその後武漢へ下り、偶然にも沙市で別れた友人たちに出会うというハプニングも味わいながら、遺跡と博物館を訪ねる旅を続けた。そして武漢の次に向かった町が襄樊《じょうはん》だった。この町は湖北省から河南省の洛陽に向かうためには、どうしても通らなければならないルート上にある。

雪の洛陽

古都洛陽と江蘇省

吹雪の洛陽

ここで中国の省の名について説明しておこう。中国は、二二の省と五つの自治区と四つの特別市からなっている（一九八二年当時）。特に中原（中国の中央部）およびその周辺の省名でまず気づくのが山、河、湖と東西南北が付く名が多いことだろう。この山とは大行山、河とは黄河、湖は洞庭湖のこと。つまり湖北省とは洞庭湖の北の地区、河南省は黄河の南の省ということになる。もちろん二二の省すべての名がこのように簡単な理由で付いているわけではない。また五つの自治区はその民族名を冠している。しかし、この現代の中国の人びとが名付けた省名にも、古来の

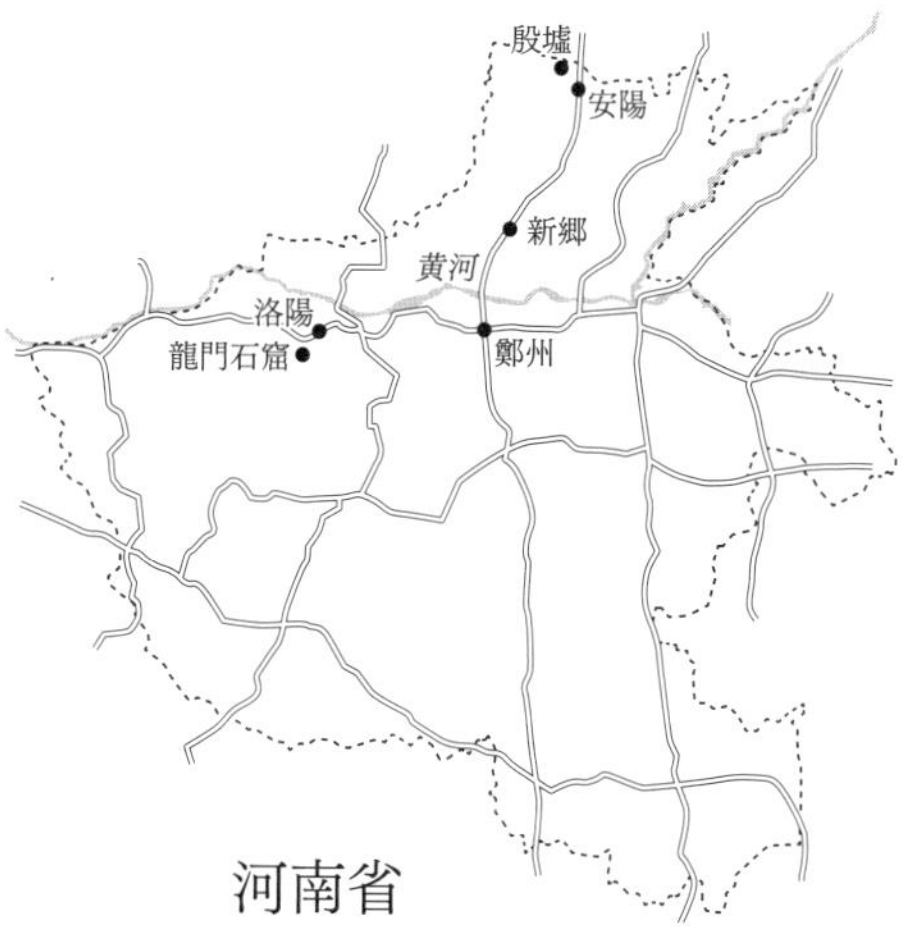

河南省

漢民族の思想が反映されているようでなかなかおもしろい。私たちの旅は、洞庭湖の北（湖北省）から黄河の南（河南省）へと向かっていた。

沙市で船を下りてから五日目の二月二日の朝八時、襄樊招待所の服務員の声で目を覚ます。昨夜早くから床に入ったので一二時間近く眠っていたことになる。おかげで風邪の調子も良くなってきたようだ。しばらくすると、前日から面倒を見てくれている国際旅行社のおじさんが迎えにきた。外国人のほとんど立ち寄ることのないこの町では、私たち訪問者だけでなく地元の受け入れ体制も心許ない。洛陽行きの列車は一一時四五分発。宿をその一時間前に出発し、駅に向かった。途中の人民銀行で人民元（中国人の使う金）を兌換券（外国人の使う金）に交換するため、おじさんは車を降りたがなかなか帰ってこない。一一時を少し回ってやっと駅に着いたが、またまた問題が起きた。なんと彼は私たちに北京行きの切符を買ってきたのだ。車で送ってくれた運転手は、「彼は年寄りでボケているのだ」という。しかし私たちはたまったものではない。なんとかせかせて洛陽行きの切符が届いたのは一一時二五分過ぎだった。ホッとしたのもつかの間で、おじさんは二人の旅行証（国内ビザ）を宿に忘れてきたという。今では特別の場合以外はほとんど使うことはないが、当時はこの証明書を携えていなければ旅はできないし、もちろん宿にも泊まれない。押し問答するがどうしようもない。結局、その夜の宿泊予定の洛陽友誼賓館に電話で説明してもらい、その夜の列車で届けてもらうことにして列車に乗った。彼にとっては留学生はもちろん、日本人の客は初めてだったらしく、お互い大変な一日ではあった。

裏樊から洛陽までは四〇〇キロ。乗客でいっぱいの車両で、なんとか座れるのはもちろん硬座。それでもあこがれの洛陽に向かう想いは時間が経つにつれて高まってきた。窓の外は雪、あたりに広がる土色と白い雪の景色は見慣れた河北と同じだった。

洛陽に着いたときにはもうあたりは暗くなっていた。一抹の不安はあったが、事前連絡があったことで旅行証なしでもなんとか暖かい床に入ることができた。

旅行証を持たないで泊まることになった洛陽での一夜が明けた朝、宿の服務員から私たちの旅行証が届いたとの連絡が入った。なんと昨夜の夜行列車で、約束どおり裏樊の旅行社の職員が運んでくれたのだ。当然のことだが、なんだかうれしさと共に申し訳ないような気分になった。若い職員はすぐその足でまた四〇〇キロの道のりを帰っていったそうだ。

その日は一日雪で、初めて見る古都洛陽は白いヴェールで覆われいっそう幻想的な風情だった。ほとんどの時間を洛陽博物館で過ごし、雪のあがった翌四日、念願の龍門石窟に向かった。

龍門石窟

予約していたタクシーに乗って宿を出たのは八時半。最初に向かったのは、市の中心部にある公安部だった。実は私の旅行証に次に訪ねる予定の鞏県《きょうけん》が記載されていないため、追記してもらう必要があったのだ。語言学院の先生は必要ないだろうということだったが、現地に入ってトラブルになってもまずいので取得しておくことにした。警察の係官は感じの良い青年だった。こういうところで優しく応対されると、この町すべての印象が良くなるから不思議なものだ。まだ西欧の人たちが訪問するのはまれなのだろう。公安部入り口の看板の下に書かれている外国語はロシア語だけだった。

九時ごろ車は南に向かい、隋唐時代の都洛陽城内を流れる洛河に架かる橋を渡って龍門石窟を目指した。うっすらと雪化粧した窓外の景色は、河南、河北の田舎の風景と少しも変わりなく、ここがあの隋唐文化の華開いた洛陽城であることが不思議に思えてくる。

車は二〇分余り（二五キロ）で龍門の村に着いた。春節を飾る民家の入り口の赤い対聯《ついれん》は、まだ鮮やかな色を残し、屋台の湯麵《タンメン》売りにも客が多く、華やいだ正月気分に満ちていた。漢代の壁画から出てきたような、鍵の手に大きな切り身をぶら下げた豚肉屋の並ぶ光景も健在だ。

龍門石窟は、村の横を南北に流れる伊水の東西両岸に造られた大石窟群で、大小の窟龕の総数は二〇〇〇を超える。北魏の孝文帝が太和一八年（四九四）に平城（大同）から洛陽に遷都したときに開窟が始まり、永熙三年（五三四）の北魏分裂までの四〇年間と、唐が洛陽を東都とした武徳元年（六一八）以降、長期間に渡って造られ続けた中国最大規模の石窟群である。伊水の両岸といっても石窟の大半は西側にある。石窟の北端に設けられたゲートで五分（六・五円）の入場券を買い、一毛（一三円）の案内書を手に見学を始めた。去年秋に来華してから五カ月の間に、雲岡と龍門の二大石窟を見学できるなどとは思っていなかっただけに、感動もひとしおだった。少し凍り付いた足下を気にしながら賓陽《ひんよう》北・中・南洞から見学を始めた。賓陽洞は北魏の宣武帝が孝文帝とその皇后のために国家権力をかけて築いたといわれるだけあって豪華絢爛たるものだ。この中洞に彫られている仏像が法隆寺金堂の釈迦三尊のルーツであろうという説は根強い。法隆寺釈迦三尊像のアルカイックスマイルと呼ばれる微笑、面長な顔、美しく波打ったような衣の襞も北魏様式に共通し、眺めていると両者の一〇〇〇年の時間差が感じられないように思えてくる。この時空のなかに文化伝播に伴うさまざまなドラマが秘められているのだろう。

賓陽洞から少し離れた高台に、摩崖三仏と一般に呼ばれている像がある。唐代のものだが、寄進者の経済的な問題か、もしくはもっと深いわけがあるのかは定かではないが未完成のまま残っている。そのため私たち研究者にとっては、制作工程のわかるまたとない好資料といえるわけだ。岩を切り崩しながら像の形を整えてゆくのだが、仕上げは顔からおこなったことが良くわかる。

龍門石窟といえば、なんといっても圧倒的な規模をもつ奉先寺《ほうせんじ》の大仏である。唐代に造られたこの大仏のもつ歴史的意味は計りしれないほどだ、と考えている私はこの大仏に最初に出会った二四年後の二〇〇六年に「唐代大仏考」という論文を書いた。そんなわけで大仏に関しては後で少し詳しく述べよう。

龍門石窟のなかで最古といわれているのが古陽洞である。この石窟には雲岡石窟のエネルギーをそのまま引き継いだ、みずみずしさが窟内にみなぎっている。また供養人の姿や、窟内に数多く彫られた仏龕群は仏教に帰依する人びとの姿を彷彿させる。この窟には先の賓陽洞には見られない自由な雰囲気があふれている。書道を志す方たちが大切にする手本のなかに『龍門二十品《りゅうもんにじっぴん》』

というのがあるが、実はこの内容は、古陽洞内に刻まれた北魏時代の造像記のなかから、清の中期以後に優れた二〇例を選び出した拓本集なのだ。題記の構成は奇抜で、筆は豪放果断で天趣に富んでいる。石窟内のエネルギーをこの書のなかにも感じ取れる気がするのである。

最初に龍門には二〇〇〇を超える石窟と仏龕があると紹介したが、奉先寺、賓陽洞、古陽洞をはじめとする数例の石窟以外は小規模なものが多く、雲岡に比べて大きさにおいては遙かに劣っている。しかし、このことは雲岡石窟がわずか三五年間に国家権力を傾けて曇曜五窟をはじめとする大石窟を造ったのに対して、時の権力者も参加はしたが、その造像者の多くが資産をあまり多くもたない僧や貴族をはじめとした仏教信者であったことを物語っている。無数に岩山に彫られた仏龕の跡は、北魏によって受け入れられた仏教が幾度かの弾圧を受けながらも、信者たちによって長く信仰され続けた証といえよう。

一時過ぎ、後ろ髪を引かれる思いで待たせていた車に乗り対岸に向かった。そこからの遠景写真を撮るためだったが、まるで蜂の巣のような山肌に、ひときわ大きい大仏寺が目立っていた。そして龍門橋の東の丘の上には、ひっそりと唐代の大詩人白居易《はくきょい》の墓が石窟を見下ろすように立っていた。

大仏の来た道

ずいぶん昔の話になるが、中学時代の修学旅行で初めて奈良東大寺の大仏を目にしたときの感

龍門石窟・奉先寺の大仏

動は、今でも鮮明に記憶している。奈良公園を散策し、向かった東大寺で最初に目に入るのは南大門である。その大きさに驚き、大仏殿にいたってはこれが木造建築とは信じられないほどだった。その中央には一五メートルを超える盧舎那仏が鎮座していた。

その驚きから四〇年以上経って、私はこの巨大な仏像に強い関心を抱いている。日本に仏教が伝わったのは、『日本書紀』によると五五二年に朝鮮半島の百済から経典、仏像が招来されたのがはじめといわれている。現在では、『日本書紀』が引用した記録よりも古い史料をもとに書かれたと見られる『元興寺縁起』に記された五三八年説が有力ではあるが、ともかく奈良時代には『日本書紀』説が信じられていたことは間違いない。

聖武天皇の発願で造られた東大寺大仏が、紆余曲折の末、開眼法要を迎えたのがちょうど仏教公伝から二〇〇年後の七五二年の四月九日だった。この日は釈迦の誕生日の翌日に当たる。法要は一万人の僧、文武百官の並ぶなかで、日本古来の久米舞などに加えて、唐の散楽、林邑楽（ベトナムの音楽）、高麗楽といった異国の音楽舞踏も演奏される華やかなものだった。さらに法要の導師に当たる開眼師にはインド僧菩提僊那《ぼだいせんな》、ナンバーツーの呪願師には中国僧の道璿《どうせん》を配すという、みごとな演出のもとでおこなわれた。この大イベントが国内だけでなく、広く東アジア世界へのアピールをも目指していたことを物語っている。

その主役である大仏の起源がどこにあり、どのような道を、どのような意味をもちながら遠く奈良まで伝わったのかを明らかにすれば、日本の奈良仏教、さらに政治についてもより詳しく知ることができるのではないかと常々思っていた。

私が大仏にさらに関心をもつようになったのは、中国各地の石窟寺院を訪ねるうちに、なぜか大規模な石窟のなかで最も立地条件の良いところに、唐代（六一八〜九〇七）の大仏が多く彫られていることに気づいたときからである。五胡十六国や北魏時代（四〜六世紀）に開鑿が始まっている石窟においても同じなのだ。そうして大仏の来歴を調べてみると、その造営にかかわった人物として、唐の高宗の皇后で後には中国史上唯一の女帝として権力をほしいままにした則天武后（武則天）の姿が、陰に陽に浮かび上がってきたのである。

龍門石窟の中心近くでひときわ目立つ奉先寺の本尊が、則天武后によって最初に造られた盧舎那仏である。初唐期の端正な姿を現しているこの仏像のモデルは則天武后その人との伝えが残っている。『華厳経』に、宇宙を司ると記されたこの仏を、自分自身の姿で表現するなど普通には考えられないが、彼女であれば納得できるところがまたそのすごさである。

この大仏については、台座に刻まれた「河洛陽上都龍門山之陽大盧舎那像龕記」によってその造像のいきさつを知ることができる。それによると、咸亨三年（六七二）四月一日に、皇后が脂粉銭（化粧料）二万貫を援助して役人たちに造らせ、上元二年（六七五）一二月三〇日に完成したことがわかる。三年半の歳月をかけているが、注目すべきことは、その期間中龍門石窟のほかの仏像を造ったという記録が極端に少ないことである。つまり大部分の石工や作業員たちが、奉先寺の大仏造営につぎ込まれていたと考えられるのである。

則天武后はこの大仏造営を契機に、さらに積極的に政治にかかわるようになり、やがては自身の息子である皇帝を廃して帝位につく、いわゆる「武周革命」を起こすに至った。彼女はやがて自身を弥勒仏にたとえるようになり、支配地に弥勒大仏を造らせるが、その遺跡の多くが敦煌などの大仏として今に伝えられている。

それから七〇年後の日本に、彼女を強く意識した権力者が現れた。その人の名は光明皇后。遣唐使がもたらした最新の唐の文化や制度を積極的に取り入れた奈良朝政府ではあったが、繰り返される政権争いのため不安定要素が常に付きまとっていた。そのなかで、いつも安定した力をもち続けていた光明皇后は、海の彼方の大唐帝国の女帝の姿を思いながら、東大寺大仏を国家経営のバックボーンとすることを目指してこの大事業に力を注いだのだろう。

吉備真備《きびのまきび》や玄昉《げんぼう》といった、帰国後、活躍した奈良時代の留学生や留学僧も拝したであろう奉先寺の大仏を見上げながら、さまざまなことが頭のなかを駆け巡っていった。

孔望山摩崖造像群を訪ねる

春節の休みを利用して参加した旅行は、後半の岡村秀典氏との二人旅とを合わせて三週間を越える長旅になった。北京に戻るとまた中国語の授業の毎日が始まった。しかし不思議なことに、何かそれまでとは違った新しい感覚が芽生えてきたのだ。おそらくこの旅で学んだ生の中国語の成果が教室でも現れてきたのだろう。私は語学の勉強は、日々の努力が坂道を一歩一歩登って行くような成果としてすぐ現れるとは考えていない。たとえて言えば、一歩では上に進むことのできない幅の広い階段をゆっくりと上るようなもの、とでも言えようか。ちょうど小さい子供が突然しゃべり始めるのも、もしかしたら同じような感覚かもしれない。語学の学習を途中であきらめる人は、この幅の広い階段の平らな部分を進んでいるときにギブアップするのだろう。私はこの旅で一段階段を上ることができたのでは、と思った。

　中国の学年歴は欧米と同じで、九月に新年度が始まる。だから日本のように長い春休みはない。北京の長い冬も終わり、黄砂の舞い始めた四月七日から一二日までの五日間、キリスト教徒でない私と、神の存在を信じないコミュニストのクラスメートのハンセンが協力して勝ち取った、復活祭の休暇を利用して、昨年末に雲岡石窟を共に旅したハンセン、ティーナ夫妻と江蘇省連雲港《れんうんこう》市の郊外にある孔望山《こうぼうさん》石

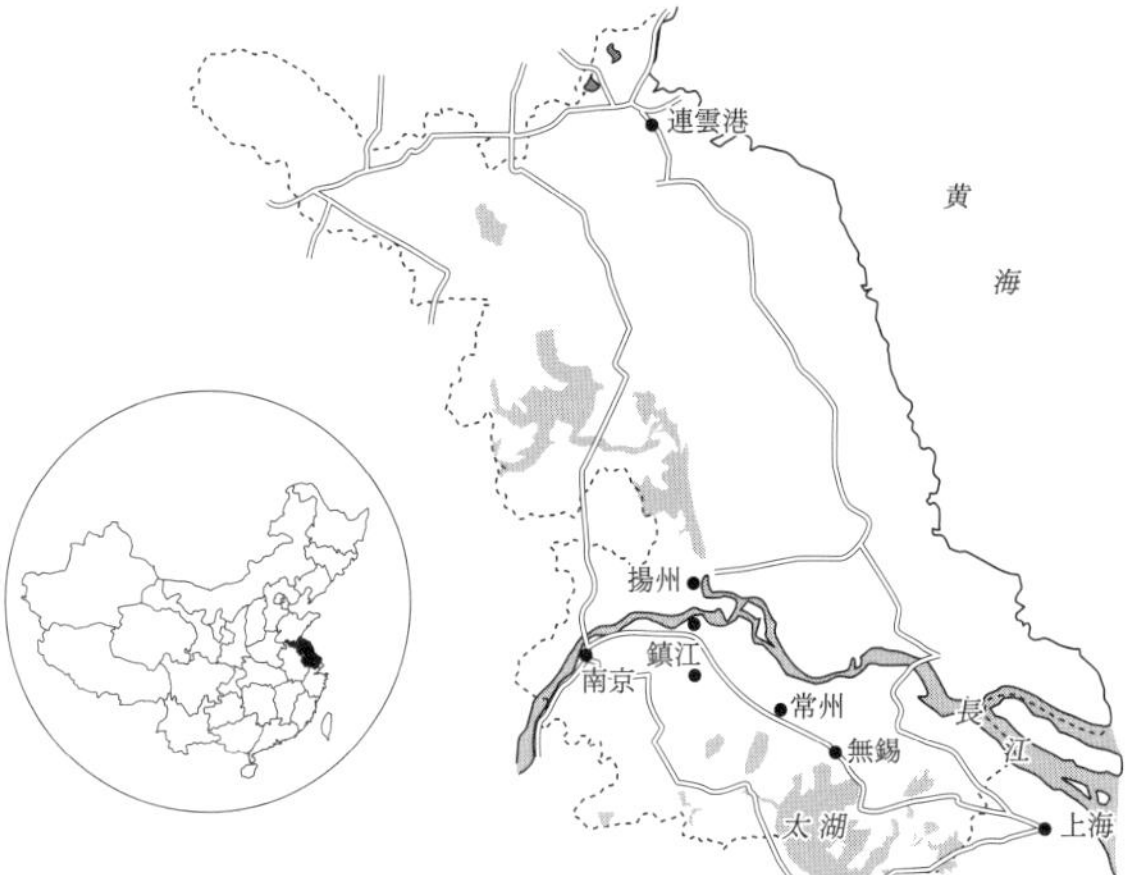

江蘇省

刻の見学に向かった。

この孔望山摩崖造像群は、地元の地誌などにも記され、一部の研究者の間では道教の遺跡として知られていた。しかし、近年中国歴史博物館の兪偉超《ゆいちょう》先生、信立祥《しんりつしょう》氏らが地元の連雲港市博物館などと共に調査した仏教遺跡でもあるという報告は、学界に大きな波紋を広げることになった。そして一九八一年の夏には中国の考古学、古代史の研究者による大討論会までおこなわれたのだ。その結果は賛否両論ではっきりとした結論は出ていない。もしここに仏像が含まれており、それも従来の年代観どおりであれば、中国最古の仏教遺跡といって良いことになる。中国大陸最東端の山東半島の付け根のここにそんな遺跡があるとすれば、仏教の伝播に強い関心をもっている私にとっては、この目で確かめないわけにはいかない。そういうことから、旅好きの気心の知れた夫妻を誘っての三人旅となったわけである。

出発前に私は北京大学の宿白先生を訪ね、旅の目的を述べ旅行申請書にサインをいただいた。実は私たち留学生は長期の休暇中以外には、指導教授の許可がなければ旅行はできないのである。もちろん内緒で行く者もいるが、公務出張中の私にそれはできない。

宿白先生は、実は孔望山摩崖造像群を古く見ない研究者の最先端にいる方である。それを知りながらあえて質問すると、先生はご自分の見解を述べられた後、自分自身の目で確かめることは大切だからしっかり観察してくるようにと言ってくださり、そのほかにも見学すべき場所を教えてくださった。

一九八二年四月七日の夕刻六時三〇分、私たちは北京発合肥《ごうひ》行きの一二七次直快（急行）列車に乗った。留学生の特権でもある硬いベッドの車両で、中国の人たちとの間に話が弾んだ。私たち留学生は準中国人扱いなので、この車両に乗れるが、普通は外国人は乗れないのだ。中国語にも少しずつ慣れてきたこともあり、臆面もなく話し続けた。特にハンセンは無類の話し好きだ。私たち留学生にしか理解できない中国語で、豊富な話題を同乗の中国客に提供している。私とティーナは先にダウンして床についた。

二日目の朝の窓外は一面青い麦畑だ。子供のころ耳にした軍歌「麦と兵隊」を思い出す。ここはその舞台となった徐州である。四〇年前とほとんど変わっていないと思える草原のなかを人馬にかわって列車が走っている。七時一四分に徐州駅に到着後すぐ、甘粛省から来た連雲港市行きのローカル線に乗り換えた。

気候の温暖な日本の、それも南部に育った私は、中国に来て初めて四季のすばらしさ、自然の偉大さを知った。氷に閉ざされた長い冬が終わると、街路の木々は耳を澄ませばまるで音がするような勢いで芽を吹き、瞬く間に青々と茂り、公園の色とりどりの花々はいっせいに開くのだ。それからものの二週間も経つと空には黄砂が舞い、晴天のはずの日の太陽は黄色にかすんで見える。しかし、この春の砂嵐も長くは続かず、五月のメーデーの終わるころには突然三〇度を超える日々が始まるのである。この間、約一カ月。待ちに待った春は、それが短いだけにいっそう美しい。今はその短い春のまっただなかである。窓外に広がる草原には麦畑と菜の花、綿の花が咲き乱れている。連雲港市に着いたのは午後二時三二分、七時間が瞬く間に過ぎていた。

連雲港市は黄海に張り出した山東半島の南の付け根の位置にある。その名のとおり港町で、花崗岩地帯のため街の家々も舗道もすべて石造りで、ティーナは地中海に浮かぶコルシカ島の風景を思い浮かべたそうだ。その夜の宿は海を見下ろす「連雲港ホテル」。中国に来て半年余り、初めて新鮮で美味な魚料理を口にすることができた。

中国人乗客と談笑するハンセン夫婦

連雲港の坂道街

九日の朝は磯の香りで目覚めた。北京に充満している石炭の煤で汚れた肺のクリーンアップもかねて海からの風を思いっきり吸う。

連雲港市は外国人に開放されたが、まだその日は浅く、国際旅行社の世話にならなければならない。二〇代半ばの好青年が案内係となったが、私たちが中国語での会話を望むのに対して、彼はこの機会とばかりに英語で答えてくる。二人と比べて英語の得意でない私に、時々ハンセンが中国語で通訳してくれるという楽しいハプニングもあった。

孔望山は市内から西南数キロにある東西約七〇〇メートル、高さ一二九メートルの花崗岩の山である。伝説によると、遙か昔に孔子がこの山に登り、東海を望んだことからこの名が付けられたという。白い梨の花盛りの林を過ぎ、巨大な石象の彫刻を左に見ながら、だらだら坂を上って行くと孔望山の西南麓にたどり着く。この岩山の西の端の、東西一八メートル、高さ八メートルの範囲の自然岩の上に、学界を揺るがせた石造群は刻まれていた。

中国最古の仏像石刻

中国最古かもしれない仏像石刻をこの目で確かめたいという長い夢がかなった喜びと、眼前に広がった花崗岩の自然の山肌に無秩序に刻まれた素朴な彫像群が、思い描いていた光景とは大きく違っていたことで心のなかに生じた落差に少し戸惑いながらも、一つ一つ仏像を確認していった。議論の中心になった涅槃像や、釈迦の前世の物語をテーマにした「捨身飼虎」を表現したとされる一群にまず目がいったが、発表された学術雑誌に掲載された図ほど鮮明には残っていなかった。これなら報告されたもの以外にも新しい像を見つけることができるかもしれないと、忘れかけていた職業意識に目覚めて岩山をくまなく上り下りしてみたが、新発見はなかった。

この東西一八メートル、高さ八メートルの自然の岩山には、一〇五体の大小さまざまな像が彫られている。さらに東七〇メートルほど離れたところには大きな石象、南一五〇メートルには、これも石で造られた立派な蟾蜍《せんじょ》（ひきがえる）が控えているが、私はこれらすべてを一連のものとしてとらえるべきではないかと考えている。

一〇五体の像は調査報告した人たちによって一八組に分類され、検討の結果仏教に関係ありとされるのが九つの組に見られ、その数は七三体にのぼる。残りは道教関係の像とされている。つまり仏教と道教が入り混じった遺跡ということになるのである。ただ七三体のうち五三体は涅槃像を囲む人物像で占められているため、ほかの組み合わせのなかで仏教関係の像が占める数は多くはない。頭部に肉髻《にっけい》が見られ、印を結ぶ如来像や光背をもつ像など、明らかに仏像の特徴はもっているものの、その彫刻技術は後の石窟で見るものとはまったく違っている。

巨大石象の前で

しかし、ここで問題となるのは、中国大陸の東端部に残る造像群のなかに仏教的要素があり、調査した研究者がその年代を後漢時代の末年（三世紀初め）と推定していることだ。この仏教文化がインドから中央アジアを経てここまで伝わったのであれば、その途中になんらかの痕跡があるべきだという反対意見や、海路から伝わ

涅槃像群
（「連雲港市孔望山摩崖造像調査報告」『文物』1981-7 より）

ったのではと考える研究者など、さまざまな意見が出されているのである。私はこの孔望山の位置が問題を解く鍵を握っていると思っている。ここは山東半島の根元にあたるところで、秦の始皇帝の時代から神仙思想の中心地の一つとして栄えたところでもある。孔望山のすぐ前に広がる低地は三〇〇年ほど前までは入り江だったらしく、この遺跡は海に接していたのである。日本各地に残る伝説の主役である徐福のような、仙境を求めて船出する人たちの出航地であったかもしれない。『後漢書』のなかに、東海の人びとは海を祀り雨を降らせるために道教の五君の一人の東海君に祈ったという記載があり、その東海君を祀ったのが東海廟と言われている。孔望山の山頂には加工された巨石があるが、近年これが東海廟碑の台石ではないかという見解も出され、この遺跡の性格を考えるうえで大きな進展をもたらした。

あらためて岩山の造像群に目を移し、全体の中心に当たる最も高いところにあるのを西王母、西端の男性像を門亭長（門番）、石刻群の南の石像を西の方角を表す蟾蜍と見れば、この遺跡全体が道教思想に基づいた神仙世界を表した空間とも考えられるのだ。では仏教との関係についてはどのように考えたら良いのだろうか。

中央アジアを経て洛陽に入った仏教は、比較的早く開封から徐州を通じて南の揚州へと、当時の交通ルートに沿って伝わっていたことが、北魏時代に書かれた『水経注』などの書物や『三国志』の記載から読み取ることができる。つまり東海国に近接した地域で仏教は思いのほか早く広まっていたとみられるのである。孔望山のある江蘇省から山東省にかけての花崗岩地帯では、画像石墓という形式の墓が前漢代から造られるようになった。それがどのようなものかというと、大きな花崗岩の表面を平らに磨き、そこにさまざまな絵画を刻み墓室内を飾るもので、やがてそれが壁画墓へと発展してゆく。孔望山石刻のなかには明らかに画像石の系譜のうえでとらえられるものが何点かあるが、その技法は後の仏像石刻とは大きく異なっている。

私はこの遺跡を以下のように考えている。つまり、道教の盛んであったこの一帯で、道教思想に基づいて造られた石刻群のなかに、新しく西方から入った仏教文化がとり入れられ、画像石を彫る伝統のあった地に道主仏従といった関係のなかで誕生したのがこの仏像であろう。『三国志』には、新しく建てた寺院に仏と老子（道教の開祖）を共に祀ったことが記されていること、また古代の画像鏡の文様に仏像と神像が同時に並べられている例があることなどにも道仏混合の姿を垣間見ることができる。またこの仏像の系譜が途絶えるのは、やがて消えていった画像石の技術と運命を共にしたからであろう。

私は最初の旅から一八年後の二〇〇〇年三月に再び現地を訪ねた。遺跡自体に大きな変化はなかったが、石刻の前面には柵が設けられ、自由に上り下りした岩山に入ることはできなかった。しかし、孔望山頂に立って初めて気づいたことがあった。岩山の前面に広がる空間の西側に南北に延びる低い尾根があり、その上に人工の土塁が築かれていた。この一帯は、もとは城壁を巡らせた神仙世界だったのだ。あえぎながら登った疲れを忘れ、東に広がる東海の向こうにあると信じられていた不老不死の世界、蓬萊山のことを思った。

道教の西王母か

内蒙古から新疆へ

—北京語言学院の修学旅行—

内蒙古自治区

初めての内蒙古

北京語言学院での十カ月間の語学研修を終え、一九八二年七月三日になんとか結業証書をもらいこの大学を出ることになった。

中国の学期は欧米と同じで、九月に始まり七月に一年が終わる。語言学院では学期終了後に修学旅行を計画してくれる。コースはいくつかあるが、私は内蒙古から甘粛省の蘭州、酒泉、敦煌を経て新疆のトルファン、ウルムチへの一七日間の旅を選んだ。つい二年前にＮＨＫが制作したシルクロード番組の影響か、四〇人余りの参加者の大半は日本の留学生だ。私は子供のころからの夢の一つだった新疆への鉄道の旅が始まることに心地よい気持ちの高ぶりを感じていた。

七月一〇日の夕刻五時二〇分過ぎ、留学生宿舎の前を四〇人余りの学生を乗せたバスは、多くの友人に見送られて出発した。北京駅までバスに同乗したクラスメートのオスロ大学のクリスティーナは、これから広州に行き、九月までシンガポール、マレーシア、タイへの一人旅らしい。お互い「一路平安《イールーピンアン》（元気で）」と挨拶を交わして別れた。列車は七時六分発。旅の最初の目的地は内蒙古自治区の首都フフホトである。学校に残っている友人の作ってくれたおにぎりをほおばり、私は持参した材料でサンドイッチを作り皆に振る舞う。楽しい旅にしたい。列車の席は硬いベッドで上下三段のもの。他の乗客とも交流できるのが嬉しい。一〇時過ぎ消灯。夜の更けるに連れて次第に寒くなってくる。

一一日の朝は肌寒さと騒がしさで目覚めた。まだ五時半だが、窓の外は一面の草原である。その所々に点在する集落の周りに広がる菜の花畑の黄色と、青麦とポプラの緑が美しい。ちょうど短い夏の盛りに出会ったらしい。流れのない河道のなかを馬にまたがった少年二人が行く。

九時、定刻どおり列車は呼和浩特《フフホト》駅に着いた。内蒙古自治区の区都だが、草原のなかの町くらいに思っていた私にとって、この町の立派さは大きな驚きだった。早速バスに乗り換え宿舎の呼和浩特《フフホト》賓館に向かったが、わずか五分で着いてしまった。中庭をコの字型に建物が取り囲む大きいホテルだ。荷物を下ろして間もなく一〇時に早速午前中の見学に出発した。

最初に訪れたのが、清朝に建立された金剛座舎利宝塔《こんごうざしゃりほうとう》。五つの金剛座舎利宝塔が中心になって

五塔寺

王昭君墓と伝えられている青塚

いることから、一般には五塔寺の名で親しまれている。塔の周囲には釈迦小像が配置されているが、その数はなんと一五六二体。また壁面の一部には蒙古天文図を刻んだ石刻がはめ込まれている。

午後は自室で充分休息し、二時半に出発。中国に来てとても嬉しかったことの一つが午後のこの長い休みの習慣だ。これは大学でも同じで昼寝は充分できる。しかし、この時間帯は事務室もすべて閉まってしまうため、急ぎの手続きのときなど困ることもあるが、しばらく経つと気にならなくなり、このゆったりとした時間を堪能できるようになった。

向かった先は、バスで四〇分ほど走った郊外にある王昭君《おうしょうくん》の墓だった。前漢の宮女だった彼女は、遠く匈奴の単于《ぜんう》（王）の妻として送られ、この地で生涯を終えたのだ。子宝にも恵まれ、匈奴と漢の友好関係を象徴する人物として、長く親しまれてきた女性である。草原のなかに築かれた墓は三三メートルもの高さがあり、ひときわ目立っている。所々崩れた部分を観察すると、版築（棒で突き固める積土法）技法が用いられていることがわかる。だからこそこんなにみごとな形で二〇〇〇年の風雨に耐えてこられたのだろう。地元では「青塚」の名で親しまれ、市民の憩いの場となっている。墓の前では青年男女がラジカセから流れる音楽をバックにダンスに興じている。墓の頂上には小さな亭があり、四周の景色を眺めることができる。東、南、北の遙か彼方にはかすかに山並みが見えるが、西には果てしない地平線が続いている。この一帯は緑豊かな地で、昔から匈奴も重要な拠点としたところなのだろう。墓上に立って、遠く前漢時代に中原から嫁ぎ、波乱の生涯を送った昭君を思った。

次に訪ねたのが旧市街にある大召無量寺《だいしょうむりょうじ》（銀仏寺）だった。明代に建てられたチベット仏教の寺院で、時の皇帝も参ったという由緒深い寺である。本尊の釈迦如来が銀製なので寺の通称にもなっているわけだ。堂内の柱にはチベット仏教特有のタンカ（仏画）が一面に掛けられ、香の薫りも漂いみんな厳粛な気持ちになったようだ。私たちに付きまとっている子供たちに尋ねると、この寺には五、六名のラマ僧がいるらしい。しかしこの寺も、この堂以外は洋服工場に変わってしまっていて、たくさんのミシンと仕立て用の布がうずたかく積み上げられている。このアンバランスな光景に現代中国の一面を垣間見たような気がしたが、それでも無愛想な切符売り場で何がしかの入山料を払い、一人の僧もいない中原の大寺を訪ねたときよりも、少し心が豊かになった気がする。

夕食後は市内の劇場で音楽会の鑑賞だった。その日は天津歌劇院の公演なので、もしかすれば私の好きな関牧村《グワンムーツン》（この劇団の著名なアルト歌手）が出演するかもしれないと密かに期待していたが、残念ながらメンバーのなかにはいなかった。いまやスターとなった多忙な彼女はここまでは付き合えないのだろうか。

翌一二日は七時前に目覚めた。朝食をとった後、九時前にホテルを出発し、一〇〇キロばかり北の草原にある包《パオ》（蒙古族の住居用のテント）へ向かうのだ。途中の景色は本当にすばらしかった。カメラに収めたい衝動に駆られるが、絶対に撮影禁止と言い渡されているのでルールに従うしかない。一〇時半ごろ一度休憩したがとにかく広い。目的地の烏蘭図格《ウラントウガ》公社にあるパオに着いたころにはほぼ時計は一二時を指していた。三時間草原を走っていたことになる。そこには観光用に建てられたパオが三列に十幾つ並んでいた。私たちには五人で一つのパオがあてがわれた。少々狭いが人数が多いので仕方ない。昼食は骨付き羊の塩ゆでだ。想像していた味とは違って臭みもなくあっさりとして美味だった。

午後からは、これも観光用に仕立てられた駱駝や馬にまたがって無邪気に遊んだ。その後蒙古族の民家を訪問し、バター茶やクッキーをご馳走になった。そんな折、空の一角がにわかに暗くなったかと思うと、突然砂嵐が襲ってきた。その後はものすごい雨と風。体ごと飛ばされそうだった。そ

初めて駱駝に乗る

んななかで放牧されている羊の群れは圧巻だった。この旅から二〇年後、青海省の三〇〇〇メートルを超える高原で、真夏に雪に襲われたときも、目の前に放牧された羊の群れがいた。内蒙古、新疆、チベットと過酷な高原や草原を旅するとき、羊の群れに出会うことは多いが、一人の羊飼いの手で数百、数千の従順な羊が草をはみながら進む姿を見ていると、私たちの国の現在の姿に重なるような気がしてならない。

六時半から夕食。旅行社の人やたまたまこの食堂に来ていた蒙古族の歌手の飛び入りの歌、さらに北京大学の日本人留学生の「大漁唄い込み」など余興は盛りだくさんだった。それにしてもこの地の人たちは、なんでこんなに唄がうまいのだろう。この広い草原で放牧しながら唄った歴史がこうさせたのだろうか。そういえば日本各地に残る馬子唄のルーツもここにあることを思い出した。

フフホトから蘭州へ

蒙古族の豪快で繊細な音楽と馬乳酒で心地よい気分になってパオに戻ったが、実は旅の荷物のなかには締め切りの迫った日本の古墳についての原稿用紙が詰まっているのだ。午後八時だが、外はまだ明るい。ビートルズを聴きながら夜の更けるまで執筆。まさかこの草原のなかで、日本の古墳のことを考えようとは思ってもいなかった。

一三日はパオの外からの声で目覚めたが、とても肌寒い。時計を見ると五時半を指している。

女子服務員の持ってきてくれたほんのわずかなお湯で洗顔。朝食に出た油条（油で揚げた細長いパン）はうまいが、バター茶は好きになれない。八時五〇分にバスに乗り、この烏蘭図格《ウラントウガ》公社での一日を終えた。

バスにはフフホトの兄の家に行くという一六歳の少年が乗り、私と同席した。彼らは学校では漢語教育を受けているので北京語は問題ない。私にとっては、またとない絶好の機会だ。彼には迷惑だったかもしれないが、習いはじめの中国語を駆使してフフホトまでの三時間を堪能した。

午後は内蒙古芸術学院を訪問した。音楽と舞踏を学ぶ五年制の学校で学生は一七〇名（蒙古族、漢族が半数ずつ）。二年生が私たちのために舞踏、揚琴、馬頭琴、箏、ピアノ、唄を民族色豊かに演舞、演奏してくれた。その後、最も期待していた博物館をやっと訪ねることができた。春秋・戦国時代から漢代、つまり紀元前八世紀から三世紀前後までの遊牧民にかかわる遺物、馬具や銙《か》帯《たい》（バックル）などに注意を引かれるものが多くあった。

フフホトでの短い滞在を終えて、私たちは再び列車に乗り、目的地新疆に向かった。出発は深夜一一時三二分発の夜行列車だ。

翌一四日は七時過ぎまで寝てしまった。しかしまだ内蒙古は出ていない。あたりは見渡すばかりのゴビだ。普通日本ではゴビは砂漠の名称として知られているようだが、実はゴビとは固有名詞ではなく、土と砂と小石の混じった土地のことをいう普通名詞である。とても肥沃な土地で、もし灌漑がうまくできればみごとな農地に変わりうるところでもある。このゴビは新疆の天山山脈の南側でも広大な範囲にある。

鉄道線路に沿って穏やかな黄河の流れが続き、痩せた駱駝が数頭列をなして砂漠のなかを進んでいる。幻想的な光景だ。一〇時前にやっと寧夏《ねいか》回族自治区に入った。ここは中国に五つある自治区の一つで、イスラム教徒の回族が多く、彼らに自治権がゆだねられているところである。風景にこれといった変化はないが、まだ外国人が立ち入ることを許されていない土地と思うとなぜか気持ちが高ぶってくるのは、根っからの野次馬根性からだろうか。

一一時四二分、区都にある銀川《ぎんせん》駅に着いた。一五分の休憩を利用してホームに降り立った。ここは一〇三二年から一二二七年までの約二〇〇年間続いた西夏王朝の都興慶府《こうけい》にあてられる町でもある。井上靖の『敦煌』の主人公趙行徳《ちょうぎょうとく》が、美しい西域の美女を追ってたどりついた町などと想像をたくましくすると、このまま降りてみたい衝動に駆られるが、仕方ない。ちなみにこの旅から約一年後の一九八二年の六月、青海省とともに寧夏回族自治区もやっと対外開放された。そのニュースをキャッチした私は、帰国前の慌ただしい日程のなかを利用して、八月に一人で青海と寧夏の旅を決行した。その印象深い旅の思い出は後にゆずり、先に進もう。

一時過ぎから食堂車に移動して昼食。嬉しいことに食事はうまい。中国で長い列車の旅をする場合、やはり列車食堂のコックの腕は大問題である。総体的にいえば利用客の多い路線の特快（特急）は良い。当時はまだ町の食堂も時間を限って営業していたため、下手をすると一日食事にありつけないなどということもあった。そんなわけでいつもリュックのなかには非常食の乾パンとチョコレートをしのばせていた。

列車は緑の少ない赤褐色の山と砂ほこりの立つ耕地のなかを交互に走り続けた。当然のことだが西に行くにつれて日は長くなり、午後九時を過ぎてやっとあたりが暗くなった。定刻の九時四〇分、蘭州駅に着いた。フフホトを発ってから二二時間が過ぎていた。

河西回廊を行く

蘭州は、留学前に初めて訪れた街だ（一六ページ地図参照）。第一日目は五泉山公園、白塔寺、黄河を見学した。滔々《とうとう》と流れる黄河に沿って開けたこの細長い町は、シルクロードの入り口にふさわしい。白い帽子をかぶった長いひげの回族の老人、チベット服で身を飾った婦人、可憐なウイグル族の娘たちといった民族色豊かな人たちが街を行き交っている。前漢の武帝時代、霍去病《かくきょへい》にまつわる伝説も多い。ここの五泉山の由来も最初に酒泉で聞いたのと同じような話で、飢えと喉の渇きに苦しむ兵隊のために若き将軍が杖を地面に突き立てたところ、五つの泉が湧いたという伝説だ。

七月一六日の朝六時ごろ、突然浴室の水道の蛇口から勢いよく出る水の音で目を覚ました。実は蘭州に来て一日半断水が続いていたのだ。汚れきった身体を心ゆくまで流すことができた。その日の一行の予定は、郊外にある劉家峡《りゅうかきょう》ダムの見学と船遊びだ。しかし私は一昨年の炳霊寺《へいれいじ》石窟見学のときに立ち寄ったことから参加せず、一人で甘粛省博物館を訪ねた。この博物館は、中国の省博物館のなかでは優れたものの一つといって良い。とにかく展示品がすばらしい。まず、この地方一帯に栄えた新石器時代の甘粛彩陶の美しさと量に圧倒される。

さらに圧巻は、河西回廊のオアシス都市武威《ぶい》の雷台《らいだい》から出土した前漢代の儀仗隊を表した青銅製の馬車、軍馬、武士俑である。三九頭の馬と一四両の馬車、矛《ほこ》や戟《げき》を手にする一七騎の騎士俑などその数は一〇〇点にのぼる。なかでも出色なのが、「馬踏飛燕《ばとうひえん》（空を飛ぶ燕をしのぐ馬）」といわれる銅奔馬だ。高さ三五センチで、長さ約四〇センチの小振りな銅像だが、飛燕の背中をかすめるように疾走する姿は、武帝が手に入れることを願ってやまなかった汗血馬《かんけつば》を彷彿させる。

また万里の長城の一角を守る嘉峪関《かよくかん》近くで、一九七二年から七三年に掛けて調査がおこなわれた嘉峪関五号墓は魏晋時代（三～五世紀）の塼室墓だ。塼つまり煉瓦で積み上げた墓室の壁には長さ四〇センチ、幅二〇センチの煉瓦に彩色でさまざまな画題が描かれ、数枚から十数枚で一つのテーマになっている。農耕、狩猟、放牧などの農耕生活や、軍団の出征図や居館の状況など、貴族や豪族の暮らしの様子もうかがえる貴重な資料である。調査の後、この博物館に移され復元展示されている。

七月一七日、三日間滞在したこの町を離れる日が来た。午前中再び博物館を訪ね、一一時二五分発のウルムチ行きの列車に乗る。線路の南に続く麦畑のなかに散在するのはチベット族の村。遙か南に連なる大通《だいつう》山脈を越えると青海省だ。私たち外国人にとってはまだ遠い国だ。レンズの向こうに想いを馳せながら盛んにシャッターを切った。実はこのときの強い思いが翌年の青海旅行と一六年後から三年にわたっておこなった青海路の調査につながることになる。列車は河西回廊と呼ばれる南の大通、祁連《きれん》山脈と北につながるゴビ灘《タン》（ゴビ砂漠）の間の細長い地帯を黙々と西に走った。

翌一八日の早朝六時三〇分、酒泉駅に着いた。蘭州を発ってから約一九時間が経過していた。駅では国際旅行社酒泉分社の若いお嬢さん二人が出迎えてくれた。駅から宿の酒泉賓館までは約

蘭州博物館に並ぶ彩陶

酒泉の名の由来をもつ泉

一〇キロ。古くは粛州として東西交通の重要な役割を担っていたこの町も、中央に残る鐘楼のほか、一部の遺跡を除けば他の町と変わりない。

鐘楼には「東迎華嶽《かがく》」「西達伊吾《いご》」「南望祁連」「北通砂漠」の一六文字をそれぞれの方角の門の上に刻み、鐘楼の下はトンネルになっていて、東西南北の道が交差して四方に延びている。鐘楼が造られたのは五胡十六国時代（四世紀）で、現在のものは明代に改築されたようだ。この文字は、東は華嶽（長安の山）を迎え、西は伊吾に達し、南は祁連山を望み、北は砂漠に通ずるという意味で、酒泉の位置を端的に表現している。

この酒泉という優雅な名の由来も、五泉山と同じく霍去病にまつわる伝説が残っているが、もう一つ漢代の李広利《りこうり》という将軍が土地の古老から酒を献上され、部下に飲ませるために酒の量を増やそうと泉に注いだことが起源という話もある。その泉は今も鐘楼近くの公園内にあり、「西漢酒泉勝地」と刻まれた石碑がそばに立っている。

街中で駱駝が荷車をのんびりと引く姿に出会うと、はるばる西までやってきたなと実感する。名物の夜光杯工場、博物館、公園などを見学する。遠く南に雪をいただく祁連山脈の美しさと、この魅惑的な町の名とその由来、さらに妖しく光る夜光杯に注がれた葡萄の美酒が、日本人の旅情をたまらなくかき立てるのだろう。

酒泉での一夜が明けた七月一九日、八時半に宿を発ち、ここからはバスに乗り換え一路西に向かった。明代に万里の長城の最も西の守りの拠点として築いた嘉峪関には、約一時間で着いた。高い城壁で囲まれた関内は、一度に数万人の兵が駐屯できるという広さで、今も威風堂々とした姿で私たちを迎えてくれる。内部は殺風景な煉瓦色の広がる風景だが、ちょうど赤い芙蓉が満開で、まばゆいように咲き乱れていたのが印象的だった。

急な階段を登り、城壁に立って眺めた周囲の景色は圧巻だった。右手（北）には荒涼としたゴビが広がり、左手（南）には白い雪をいただく祁連山の山並みが続き、その合間をぬって果てしない道が続いている。このあたりをシルクロードのなかでも、特に河西（黄河の西）回廊と呼んでいるわけが良くわかる眺めだ。映像や写真では見慣れている風景だが、実に雄大で美しいことをあらためて体感した。ここから西に延びる長城は馬や羊が乗り越えるには困難かなと思えるほどの高さで、北京郊外の八達嶺などとは比較できない。

一時間余りの見学の後、バスは河西回廊を西に向かってひたすら進んだ。午後一時半、昼食をとる玉門鎮《ぎょくもんちん》に着いた。ここの招待所で出る蕎麦のうまさは、二年前に訪れたときに強い印象として脳裏に焼き付いていたが、その日も私の味覚を裏切らなかった。食後の至福のひとときをゆっくりと過ごし、三時半に出発、その夜の宿泊地安西《あんせい》県の招待所に着いたのは五時を少し回ったころだった。河西回廊の最西端に位置するこの地は、嘉峪関から二六〇キロ余り、疏《そ》勒《ろく》河と楡《ゆ》林《りん》河の水を頼りのオアシスである。このあたりは、南に祁連山、北にも山並みが連なり、中央部が低

嘉峪関から西へ延びる長城

く砂漠となっているため風の通り道になっている。昔から「風庫」と呼ばれているほど風が強く砂が飛び、「一年一場風、春に吹いて冬に至る」という言葉が地元の人たちの間に伝わっている。

漢代には匈奴の土地だったが、武帝時代（紀元前二世紀）に河西四郡が置かれてからは、敦煌郡の支配下になりシルクロードの東西交渉の重要な基地として栄えた。私が旅をした当時（一九八二年）も、酒泉から敦煌へ車で向かう旅人は必ずここで一泊しなければならない。初めて中国に来たとき、上海、蘇州、蘭州の高級ホテルで過ごした数日後、夜も更けてこの安西招待所にたどり着いたときのカルチャーショックは、それから四半世紀余り中国各地を旅してきた私にとって、今でも最も忘れられない経験だった。

中国ではすべて北京時間に統一されているため、夕食を終えた午後八時でも太陽はまだ西の空で真っ赤に燃えている。中庭に腰を下ろし、胡桃を割りながら友人たちと酒を酌みわしていると、オーストラリアの明るい人気者ジョアンナが呼びに来た。なんでも近くに住む子供たちとジョイントコンサートが始まるらしい。酒宴を中断してみんな喜んで参加する。はじめは一〇人くらいだったが、いつのまにかメンバーは五、六十人に膨れあがった。恥ずかしそうにうつむいて歌う子や大きく口を開いてにこやかに自信満々に歌う子たち、それを取り囲む世界各国の大人たちとの楽しい交換会は、太陽が沈んだ後も遅くまで続いた。

七月二〇日は六時半に起床。例によって洗面器にわずかばかり用意された水で顔を洗い、朝食の後七時半に出発した。目指す敦煌《とんこう》まではあと一二〇キロだ。バスは快適に走り、九時にはもう莫高窟《ばっこうくつ》の北、敦煌県城の東に広がる古墓群地帯に入った。そこでは噂のとおり新しい飛行場の建設が始まっていた。この一帯には漢代から唐代までの数万基にのぼる墳墓が眠っている。発掘調査はおこなわれているが、この広い土地のなかでなぜここに飛行場を造らなければならないのか、との思いが湧いてくる。しかし、答えはいたって明瞭で、観光客が莫高窟と敦煌の町を訪ねるのに最も近くて便利なところというわけだ。空港が完成した後、私は幾度もこの空港を利用しているが、あのわだかまりは今も消えない。

莫高窟はこの旅で二度目になるが、そのすばらしさには圧倒される。終日見学の後、翌二一日は鳴沙山《めいさざん》、月牙泉《げつがせん》で自然の雄大さに触れ、再びウルムチ行きの列車に乗るため午後二時、柳園駅《りゅうえん》に向かった。この間の一二〇キロは悪路のうえに、折からの驟雨が重なりさんざんな行程だった。五時過ぎにやっと着いた柳園は、その名とは裏腹に緑の全くない寒村だった。しかし五時三五分、西に向かう列車に乗った私の心のなかは、明日の朝には訪ねることのできる憧れのトルファンへの想いでいっぱいだった。

憧れのトルファン

中国の国土は広大だが、北京時間のため、ここまで来るともう二時間くらいの時差を実感することになる。九時一五分に日没。荒涼とした砂漠に沈む太陽に向かってシャッターを切る。それにしても柳園を発ってから約四時間、列車の両側にはほとんど人家はなく、砂漠と岩山が延々と

雄大な鳴沙山

続くのみだ。一四〇〇年前には天竺に向かった玄奘、最近では二〇世紀初頭の探検家たちがこのルートを旅し、苦労した記録が残されているが、列車上からの眺めだけからでさえその苦労が伝わってくるような気がする。

深夜一一時過ぎに哈密《ハミ》に着いた。ここはあのハミ瓜の本場である。早速一二分間の停車時間を利用して瓜を買ってきた友人からお裾分けをいただいた。甘くて上品な味だ。この瓜の由来に関しては以下のようなおもしろいエピソードがある。時は清代、ある皇帝が食膳に出された瓜を食したところ、今まで味わったことのないほどのうまさだ。思わず近くにいた役人にこの瓜の名を聞いたが、西方で産するということしか知らない役人は、とっさに遙か西の彼方のハミの名を答えたという。それ以来この瓜の名が人口に膾炙《かいしゃ》し現在に至っているようだ。

二二日の早朝七時五六分、砂漠のなかにぽつんと

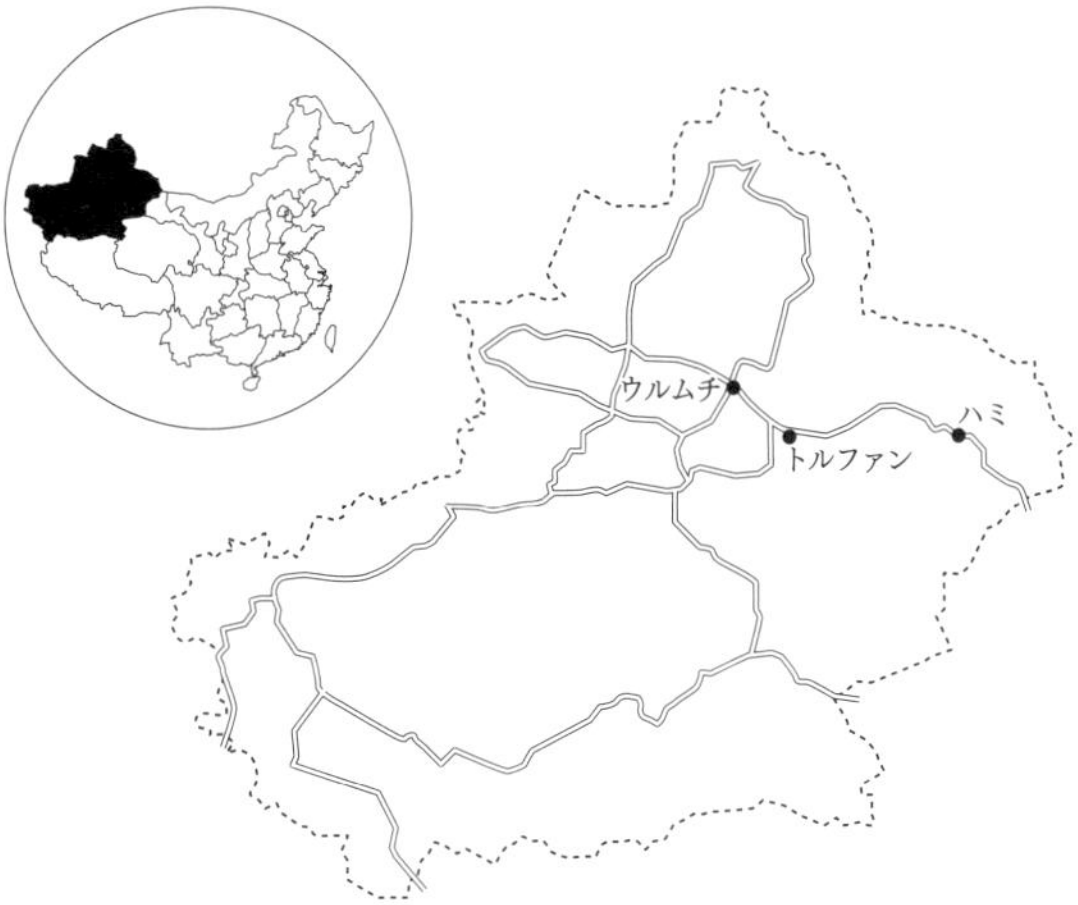

新疆ウイグル自治区

たたずむトルファン駅に着いた。漢字で書かれた駅名表示の下に、見慣れないウイグル文字を目にしたとき、あらためて新疆までやってきたという実感が湧いてきた。待っていたバスに乗り、六〇キロばかり先にあるオアシスの町トルファンに向かった。道路の周囲は石ころだらけの殺風景な眺めが延々と続いている。しかし、前方遙か向こうにオアシスの緑が目に入りだすころ、少しあたりの風景が変わってきた。それは天山の雪解け水をトルファンまで運ぶための地下水路《カレーズ》を掘りあげた砂の小山が、まるで群集墳のように、しかし規則正しく累々と続いているのだ。

哈密でハミ瓜を買う

街に入ると、それまで眺めていた荒涼とした景色は一転し、まぶしいくらいのポプラや柳の緑が温かく私たちを迎えてくれた。往来にはカラフルな服装を身に着けたエキゾチックな顔立ちの女性やロバ車が行き交っている。私たちが泊まったホテルは古い作りだが、中庭には葡萄棚のある落ち着いた雰囲気の宿だ。しかしそれにしても暑い。トルファンには海抜高よりも低い場所があり、最も低いところにあるアイディン湖の水面は、なんとマイナス一五四メートル。まるですり鉢の底のような地勢のなかに多くの遺跡、遺物が点在しているのである。土地の人の話ではここしばらくは涼しい日が続いているらしいが、それでも持参した温度計を置いておくと、あっという間に四二度を指していた。そんな暑さもなんのその、若い学生たちは元気だ。午前中からトルファン博物館と自由市場の見学を開始した。博物館は、私たちの宿トルファン賓館近くの青年宮の一角にあった。アスターナ古墓群出土のミイラや、隋、唐代の墓誌をはじめ遙か中原の文化と西域文化の入り混じった、まさにシルクロードの香りの漂う文物がそこにはあった。

自由市場は細い路地を入った先の広場にあった。ロバと荷車と買い物客と、品物を売る人たちの熱気があふれていた。明るくて商売熱心なウイグルの人たちの活気に満ちた市場は、いささか殺伐とした雰囲気のする北京の自由市場とは違っていた。

午後一時の昼食の後はシャワーを浴びて午睡。午後の見学は四時半からだが、ここにも北京との時間差二時間が表れている。最初の見学地はトルファン市内から東へ約六〇キロ、ムルトク川西岸の、四〇メートルの断崖のなかほどに掘られたベゼクリク石窟だった。石窟は壊されているものも多いため、その総数を正確にとらえることはできないが、六〇窟前後のようだ。石窟の盛期は一〇世紀で、高昌国に都を置いた、天山ウイグル人仏教徒によって造られたものが多いが、元代まで下るものも含まれている。残念なことにこの石窟の壁画の多くは、二〇世紀初めの探検家たち（ドイツのグリュンヴエーデル、ル・コック、イギリス隊のスタイン、日本の大谷探検隊など）の手によって持ち去られてしまった。最近ベルリンをはじめ世界各地に分散した壁画の断片を、CG画面で復元し、現地に残る石窟のなかに重ね合わせた映像をテレビ画面で見ることができたが、その美しさと神々しさに圧倒された。この石窟の壁画の大部分は、前世の仏陀（王子、商人、青年など）が過去仏に奉仕、供養しその願いによって仏となるというテーマの「誓願図」が占めている。石窟を見学した後は、トルファン観光のメインの高昌故城に向かった。町からは南東方向約四六キロのところに残る大遺跡である。一辺約一・五キロの四角形の城で、周囲は城壁で囲まれている。廃墟となって後の長い間に、近くの住民たちによって手っ取り早い建築材料として壊され

トルファンの街中

トルファン博物館

た部分は多いものの、今でも一一メートルの高さを残しているところもある。ここは、かの玄奘三蔵も訪れた城で、一カ月も滞在し高昌国王の熱いもてなしを受けたことが知られている。

この城は七世紀中頃、高昌国が唐によって滅ぼされ、唐の地方機関の西州府が置かれた後も栄え、さらに先に紹介したウイグル国も都として一五世紀まで繁栄した町だった。今その廃墟の西北隅には大寺院の一部が復元されている。玄奘が断食したと伝える建物の前に立つと、今にも奥の方から彼の読経が聞こえてきそうな気配すら感じる。

アスターナ（休息）古墓群は高昌故城とベゼクリク石窟のほぼなかほどにあって、直径一〇メートル前後の円墳状の墳丘が累々と並んでいる。見学できるのはそのうちの三基で、二基は唐代の壁画墓、他の一基には壁画はないが地下の墓室には二体のミイラが出土状態のまま安置されていた。主な出土品はトルファン博物館とウルムチの新疆ウイグル自治区博物館に保管されているが、そのみごとな品々の保存状態の良さには驚かされる。この墳墓が「地下の正倉院」と言われる由縁である。

見学の時間は予定を大幅に遅れて九時過ぎにホテルに戻った。だが、外はまだ明るい。一〇時過ぎから中庭の葡萄棚の下で民族舞踏を鑑賞した。美しい娘さんたちの踊りと、エキゾチックな調べは疲れた私たちの心と体を充分に癒してくれた。演目が終わってからも、ウイグル人とルーツを同じくする留学生仲間のトルコ人のアーリーのおごりで、出演者たちに飲み物が振る舞われ、私たち留学生も参加した唄とダンスの宴会がお開きになったときは、すでに日付が変わった午前

高昌故城

一時を回っていた。

トルファンからウルムチへ

七月二三日はイスラム教徒の人たちにとっては待ちに待ったラマダン（断食）明けの日である。街のなかにも華やいだ気分が満ちあふれていた。

ここでラマダンに関するエピソードを一つ紹介しておこう。私の学んだ北京語言学院には、中東やパキスタン、バングラデシュといったイスラム教国の留学生がたくさんいた。クラスメートに、とても明るいバングラデシュの青年ジャバラがいたが、勉強熱心な彼もラマダンの期間中は様子がちょっと変だった。なにしろ夜明けから日没まで食べ物を口にしてはいけないのだから、旺盛な若者にとっては信仰のためといってもつらいだろうと人ごとながら気がかりだった。学内には豚肉を食べない彼らのための特別な食堂があり、ラマダンの期間には彼らのために日没から深夜まで食事のサービスがあった。私の宿舎はちょうど学生たちが食堂に向かう通路に面していたため、真夜中に食堂に向かう彼らの賑やかな声に悩まされたものだった。

ウイグル族の家庭を訪問

その日の活動はウイグル人の家庭訪問から始まった。涼しげな葡萄棚の下でナンをはじめとした幾種類ものパンや新鮮な果物をご馳走になった。午後の最初の見学は、数十キロも離れた天山の雪解け水を、地下に掘った水路で運ぶいわゆるカレーズだった。シルクロード沿線に点在するオアシス都市は一様ではなく、大きく三つのタイプに分けられる。まず一つ目はタリム川やホータン川といった大河のそばにある町、たとえばカシュガル、ホータンなど。かつての楼蘭《ろうらん》王国も孔雀河《くじゃくが》のほとりに栄えたオアシス国家である。二番目は地下から湧き出る泉を水源とするオアシス。三番目が驚異的な人力で掘り上げたカレーズを利用して遠くから水を運ぶタイプである。トルファンは典型的な三番目のオアシスだが、いずれのタイプも水の確保が約束されなくなると廃墟と化してしまうことは共通している。

砂漠に埋もれた遺跡の多くは、水を失った住民がほかの土地に移住していった後に残されたものだ。

午後の見学のハイライトは交河故城《こうがこじょう》だった。トルファン市街地から一六キロばかり西に行ったところの、二つの河が交わる丘の上に造られた城砦都市である。紀元前の前漢代にこの地域を支配していた車師前国《しゃしぜんこく》の都に由来すると考えられるが、時代が下って六世紀には高昌国が交河郡城、さらに高昌国滅亡後は唐が安西都護府を置いて西域支配の拠点としたところだ。廃墟に残る建物と見られる遺構のほとんどが地盤を掘り込んだもので、東西三〇〇メートル、南北一キロの範囲に広がる遺構のパノラマは圧巻である。近年早稲田大学の発掘調査隊の調査成果が公表され、黄

交河故城

金文化華やかな車師前国時代の墓の様子などが次第に明らかになってきている。

　真夏のトルファンの暑さは半端ではない。四時ごろ友人が持っていた温度計を日向に出してみると、あっという間に水銀柱の上限の五〇度までいってしまった。涼しい木陰でも四〇度をはるかに超えていたのが驚きだった。信じられないくらいだが、地表熱の最高は七〇度になるときもあるという。すり鉢の底のようなトルファンの地形がそうさせるのだが、自然の力の大きさに圧倒させられてしまう。

　二日間滞在したトルファンを後に、翌二四日は最終地ウルムチに向けて出発した。午前六時に宿を出るが、まだ外は真っ暗だ。北京時間なので実際はまだ夜中の三時くらいだろう。トルファン駅までの約一時間のバスのなかの仲間たちは、まだ半分夢のなかのような表情でホテルが用意してくれた硬いナンとゆで卵とピーナッツの朝食をボソボソと食べている。

列車は一時間遅れで九時過ぎにホームに入ってきた。これまでの旅で慣れっこになっているため、不満を言う者もいない。なんとか席を探し当てて腰を下ろしてから気づいたのだが、二つ後ろの席に解放軍の兵士が数人物々しい顔でカービン銃を持って座っているではないか。隣の人に尋ねてみると刑事犯を護送しているそうだ。後ろには精悍な顔をした手錠を掛けられたままの四人のウイグル人がいた。彼らは何をやったのだろうか。

正午過ぎにウルムチ駅に着いた。とうとう北京から三七七〇キロの鉄道の旅を果たしたという満足感で、これまでの疲れは幾分か癒された。海抜高がマイナスのトルファンに比べて一〇〇〇メートル余り高いこの町は、頬をよぎる風も心地良い。

昆崙賓館という西域風の名の、この町で最も豪華なホテルが私たちの最終の宿だった。昼食の後は博物館に向かった。この新疆ウイグル自治区博物館に展示されている遺物は、そのまま東西文明の交渉の歴史を物語っている。今までさまざまな機会に写真や報告書で接してきた品々が、目の前に所せましと並んでいるのだ。はやる気持ちはあったが、北京大学で研修中のこの博物館の研究員の張平《ちょうへい》氏から、北京を出発する前に紹介状をもらっていたので、李迂春《りゆうしゅん》館長にお会いすることにした。もちろん初対面だったが、若い日本の留学生の私に対しても親切で穏やかな方だった。残念ながらその日は見学の時間が少ないため、三日後に一人で訪問する約束をしてお別れした。

七月二五日は、ウルムチ市内から一一五キロほど離れた天山山脈の山懐に抱かれた天池《てんち》の見学、翌二六日は市内から南八〇キロにある南山牧場を訪ね、遊牧民ハザク族の人たちとの交流をおこなった。

二週間余りの修学旅行は、ここでその予定を終了した。再び列車で北京に向かう人たちは七時

新疆ウイグル自治区博物館

西王母伝説の残る天池

過ぎに宿を発った。もうこれで帰国する友人には会えないと思うと、一年間のさまざまな思いがよみがえってきて感傷的になってくる。北京まではまっすぐ帰っても三日余りの旅だ。お互いに「一路平安《イールーピンアン》（元気で）」の言葉を交わして別れた。私たち飛行機組とさらに旅を続ける数名はその夜も昆崙賓館にとどまった。

二七日の午前一〇時過ぎ、約束していた自治区博物館を再び訪ねた。李館長は急用で不在だったが、すでに連絡してくださっていたため、他の館員に親切にしていただいた。時間はたっぷりあるので、先日見残していた新疆地区の石窟壁画展をゆっくり見学した。現在のところ現地を訪ねることが不可能な私たちは、これを詳しく見ることしかできない。来るべきときのためにじっくりと観察しておこう。新疆には一五カ所余りの石窟が知られているが、なかでもクチャ郊外のカジュアル千仏洞は圧巻である。二三六もある窟内にはラピスラズリの青の目立つ色彩で仏の世界が描かれている。この旅から数年後、幾度か現地を訪れる機会に恵まれているが、最初に博物館で目にした壁画展の印象は今も薄れることはない。

午後ホテルに戻り食事の後、飛行機組一同で空港に向かった。飛行機は定刻をやや遅れて午後三時二〇分に飛び立った。北京空港には七時半に到着し、一七日間の旅は終わった。北京は雨上がりのようでとてもさわやかな風が吹いていていた。

日本文化と深いかかわりをもつ江南への旅

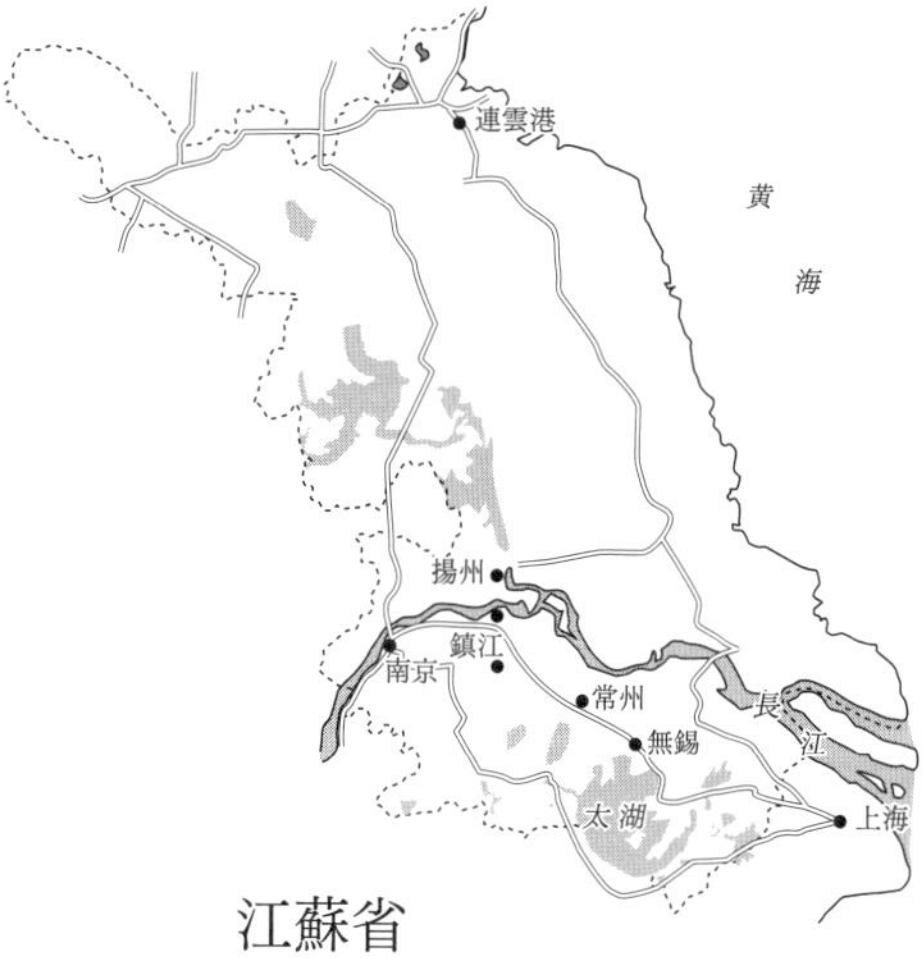

江蘇省

南京への列車の旅

北京語言学院で一年間研修を終えた後、九月の新学期からは憧れの北京大学での生活が始まった。美しい環境のキャンパスは心を癒してくれ、宿舎も快適だった。毎日の中国語漬けの日々から解放された喜びはあったが、今までとは違ってこれからは講義を受けなければならないのだ。中国語を教えてくれた先生方は、皆私たちの語学のレベルを熟知していたため相応の対応をしてくれたが、大学の講義はそうはいかない。私は指導教授の宿白先生の「隋唐考古」と「仏教考古」の二つの講座を受講することにした。四〇名前後の学生のなかで中国人学生以外は私だけだった。勇んで出席した最初の講義で最もショックを受けたのは、ほとんど内容を聞き取れなかったことだ。講義の内容についてはある程度知識のあることだったので、専門用語についてもおぼろげながら理解はできたが、重要な部分がおぼつかない。幸いにもクラスメートに親しい蘇哲君(現・金城学院大学教授)がいたので、ときおり講義の後で彼から要点を再講義してもらうこともあった。ほとんどの中国人学生は教授の一言一句までノートに筆記する。なかには途中で言った冗

北京大学校内にある未明湖

留学生楼

談までノートする学生もいるらしい。私は蘇哲君を介してクラスでも最もまじめな学生のノートを借りることができ、宿白先生の講義ノートを作成することができた。今でも大切な宝物である。先生は前年にはアメリカの大学に出講されていたので、北京大学での講義は久々だった。

日本では考えにくいことだが、受講生のなかには宿白先生の講義を受講するため、中国各地の博物館や研究機関から派遣された研究者も何人かいた。彼らはそのために一年間を北京で過ごすわけだ。文革が終わって間もない、生活もまだ苦しいころだったが、そんなところにも中国の学問に対する奥の深さを感じたものだった。

北京大学での目的は、宿白先生の講義とともにできるだけ国内各地を旅することだった。語言学院では原則として長期休暇以外の旅行許可証は下りなかったが、北京大学では指導教授の許可が下りれば事務室も認めてくれた。私は許可をいただくために、たびたび宿白先生のお宅を訪ねたが、先生はその都度旅の目的に合った適切なアドバイスをしてくださった。最終的に振り返ってみると、北京大学での一年間に旅した期間は、冬、夏の長期休暇も含めて約五カ月におよんだ。その旅のなかで、印象深いいくつかをとり上げていきたい。まず南京の旅から始めよう。

一九八二年の秋も深まった一一月二一日、南京に向かった。北京駅から乗った列車は、午後九時八分発の上海行きの特快（特急）だ。リクライニングシートの最新式とは聞いていたが、結構窮屈で軟座車よりもやや劣るといったところか。持ってきた小説を読み、一二時ごろ就寝。しかし寝苦しさのため、午前三時ごろまでたびたび目を覚ます。今後この手の夜行列車には決して乗らないと心に誓った。

うっすらと明るくなってきた七時ごろ洗顔し、持参したパウンドケーキと茶の軽い朝食をとる。窓外の景色は華北とはずいぶん違って緑が多い。広大な畑に育つ麦も幾分か大きく見える。昨夜来の強雨のためか大地は湿っている。まるで水墨画の世界だ。そのなかを水牛の背に乗ってゆっくりと行く人を見かけると、ずいぶん南までやってきたことを実感する。正午過ぎに長江大橋を渡った。中国が自慢するだけあってなかなかみごとな橋だ。そういえば中国にやってきてから一年余り、長江を渡るのは二月の三峡下り以来だ。北京語言学院で中国語を学んだ後は、南京大学に派遣される可能性もあったことを思えば、これから訪ねる南京の町になんとなく親近感をおぼえるから不思議なものだ。

南京駅に着いたのは定刻からやや遅れて一二時半だった。一五時間余り窮屈なシートに耐えていたわけだ。早速タクシーで今夜の宿と自分で勝手に決めていた南京飯店に向かった。街中の街路にはプラタナスの大樹がうっそうと茂った葉を付け、街角の商店の軒先に並んだ野菜や果物は種類も多く新鮮で、江蘇省一帯の豊かさが伝わってくる。そういえばこの町は現在も江蘇省の政治、文化の中心省都だが、古代から江南を代表する都市だった。特に後漢末年（二一二）に、呉の孫権がここを建業と称して拠点とし、三国時代になって二二九年には名を建康と改め呉の都になった。南北朝時代になってからは、漢人政権のいわゆる六朝文化と呼ばれる華やかな文化が花開いたところでもある。五世紀代のほぼ一〇〇年にわたって、倭の五王（讃、珍、済、興、武）がたびたび使いを送ったのもこの南京（建康）だった。今から一五〇〇年余り前の倭人の痕跡を見つけることは不可能だが、この町も西安（長安）、洛陽とともに私たち日本人にとっては関係の深い町であることに変わりはない。近代の日中戦争時には一時日本が占領した歴史もあり、そのときの出来事が現在の両国間に暗い影を落としている部分もあるが、両国の長い交流の歴史をお互いに真摯に考えられるようになれば、乗り越えられる問題だと私は思っている。

宿に選んだ南京飯店は静かで落ち着いたホテルだった。一時半ごろ遅い昼食をとり部屋で荷を解くと、昨夜来の列車の旅の疲れか夜まで寝入ってしまった。

翌一一月二三日は朝から行動を開始する。八時半にホテル前の虹橋停留所から市内バスに乗り、途中で乗り換え中山門まで向かった。目的の南京博物院はこのバス停のすぐそばにあった。入場券を買って広い前庭を進み、建物にたどり着くまで四、五分はかかろうか。

館内の展示物は思っていたほど多くはなく、期待していた六朝時代の遺物のなかにも仏教関係のものは見あたらなかった。ひととおり見終わった後、私は技術部の王金潮《おうきんちょう》氏を訪ねた。前年（一九八一）の夏に、橿原考古学研究所を訪問された折、顔見知りになった好青年である。持参した数冊の書物をプレゼントし、彼からは『南京博物院誌』をいただいた。また書籍売店で大部の『南唐二陵発掘調査報告書』と数種類の雑誌を購入することができた。しかし、最も嬉しかったのは館内の文物商店で同治年間（一八六二〜一八七四）の小さい香炉を手に入れたことだった。私の中国でのささやかな趣味の一つが、小さな香炉を集めることだ。高価なものに関心はないが、香炉は実用的でもあるし私の財力でも不可能ではない。清朝初期のものにはもう贋物が出回っているが、末期のものはまだ安価で街中でも比較的簡単に手に入れることができるのだ。

あまりにも嬉しかったためか、ここで北京大学のバッジをなくしてしまったらしい。午後に再び博物院を訪ね服務員たちに聞いてみるが、結局見つからず、諦めるしかなかった。

その後は南京市の西南部、治城山《ちじょうさん》上にある朝天宮《ちょうてんきゅう》を訪ねた。春秋時代（紀元前七七〇～四〇三）末期に有名な呉王夫差《ごおうふさ》が青銅器を製作するための冶銅工房を建てたところで、後に呉の孫権もここに冶官を置いていたらしい。その後宮殿になったのは五代十国の呉王（九〇二～九三七）のとき

清朝末期の香炉

からで、明代の一三八四年に再建され、官僚が天子に朝賀するときの儀礼を練習するための場所になったことから、この朝天宮という名前になったようだ。その後、道教寺院や孔子廟などさまざまに形を変えながら、一九六二年に南京市博物館になったという長い歴史をもつところだ。

　風格のある建物のなかの展示物もまたみごとだった。特に六朝時代の秦淮河《しんわいが》出土の銅車馬飾りは、八葉複弁蓮華文の外側にさらにパルメット文を配した華麗なもので、この作品一つを見ても当時の南朝の漢人文化のすばらしさを知ることができる。霊山出土の軒丸瓦は飛鳥時代の単弁八弁蓮華文軒丸瓦によく似ていて、南朝文化が百済を経て飛鳥に伝わったことを実感させるものだった。

　朝天宮の門外には日向ぼっこの老人がゆっ

朝天宮の門

たりと腰を下ろし、のどかな光景だったが、すぐ近くで初老の婦人と若い青年が、どういうわけかののしりあいながら、布カバンを奪い合っていた。周りの人たちも別に気にする風もない。これもまた現代中国の一コマかと妙に納得しながら丘を下った。

南唐二陵を訪ねる

南唐二陵の管理人とともに

一一月二四日は、早朝八時半にタクシーで南京博物院に向かった。約二〇分で着いたが、王金潮氏はすでに待っていてくれた。王氏の案内でかの有名な南唐二陵を訪ねるのだ。二人を乗せた車は中華門を抜けて南郊に向かった。

車中で王氏は、彼の研究する青銅器の製作過程の復元に関する論文を見せてくれた。技術論には弱い私だが、湖北省の曽侯《そこう》乙《いつ》墓出土の青銅器は、従来から考えられている方法とは違った製作方法で作られているといった内容のもので、実際現場で担当している彼の正確な観察に基づいているものであることがはっきりとわかる文章だった。また彼は、江蘇省の考古学文献目録と南京で出土した石刻仏像の銘文の拓本と、最近南京博物院が調査した良諸《りょうしょ》文化の墓の報告の掲載されたその日の新聞をプレゼントしてくれた。

南唐二陵は中華門を出て二十余キロ、山の南腹の眺望の良いところに二基並んでいた。はかない命運だった南唐の二人の皇帝、李昪《りべん》（烈祖、九三七〜九四三）と李璟《りけい》（元宗、九四三〜九六一）の奥津城《おくつき》にふさわしく、あたりはひっそりとした農村だった。

長く続いた統一王朝だった唐が後梁によって滅ぼされた九〇七年から、北宋が後周を滅ぼす九六〇年までのほぼ半世紀の間、中原では五つの国の興亡があり、その間、おもに南方では一〇国が覇を競っていた。この時代を五代十国時代と呼んでいる。南唐はその一〇国の一つで、李昪、李璟、李煜《りいく》（九六一〜九七五）の三代で終わった王朝である。宋が興った後も一五年間にわたって命脈を保っているが、そのことは、宋にとってはさほど脅威となる存在ではなかっただろうと私は考えている。

車を降りて陵までの二、三百メートルは、時々農家の庭先を通ることもあり、猪豚や鵞鳥、犬などの出迎えを受けながらの行軍だった。陵の管理人の家は墓に最も近いところにあり、そこの主人は紹介状を持ってきた王氏と私を快く迎えてくれた。この墓の調査は一九五〇年に南京博物院がおこない、以後博物院の管理になっているそうだ。王氏が墓の入り口の鍵を借り、二人で陵に向かった。向かって右が李昪の欽陵、左が李璟の順陵である。

中国の陵墓には建築物を伴うが、この二つの陵のそれらは跡形もなく、地下の墓室のみである。開口した李昪の墓は、直径約三〇メートル、高さは約五メートルの円墳である。

内部の墓室は前、中、後室に分かれ、前室と中室の東西の両側にはそれぞれ一室が付属している。後室の東西両側にはそれぞれ三室が付属し、合計一三室からなっていた。全長は二一・四八メートル、幅は一〇・四五メートルで、前、中室は塼積みで、後室は石造りだが内部は木造建築を模して造られている。後室天井には日月と星辰図が描かれていた。中国では、死者は地下で生前と同じように暮らすと考えられていたので、墓室の構造や遺物から被葬者の生前の様子をうかがうことができる。

李璟の陵は、欽陵ほどはっきりとは残っていなかった。墓室はほぼ同じ様式だが、規模はやや小さい。日本では、平安時代中期少し前といったころだが、残念ながらその時代の日本の墓についてはよくわかっていない。

二つの陵墓を見学し終えて管理人宅に戻ってみると、室内の壁には老人と北京大学の先輩、西村俊範氏とのツーショットが

李昇墓の内部

栖霞寺のたたずまい

栖霞寺の舎利塔（南唐）

貼られているではないか。老人の話では彼も数年前にここを訪れたそうだ。
一〇時五〇分ごろ、車に戻り南京の市内に向かった。途中、王氏に人民公社の状況について質問した。現在の中国では、計画に従って農民各個人に土地が貸し与えられている。その面積は地域によって異なり、おおむね北方が広いらしい。これは人口密度と関係があるだろう。現在自由市場で売られている作物は、各人民公社に割り当てられた生産高を越えたものだが、それらに比べて自由市場の品質が格段に良いこと、またきわめて高価であること、人民公社内での余剰生産物の配分など、疑問な点はまだ多くある。

一一時五〇分に博物院に着き、王氏に心からの礼を述べ宿舎に戻った。

南京博物院の王氏と別れホテルで昼食をとった後、再びタクシーで今度は栖霞寺《せいかじ》に向かった。途中で明日向かう揚州までの長距離バスの切符を購入。料金は二一・三元（約三〇〇円）。

江南の名刹として名高い栖霞寺には僧侶の学ぶ学院もあり、大雄宝殿のなかに並ぶ多くの敷物を見たとき、そこに僧の姿は見えなかったけれど、この国でも仏教は着実に復活していることを強く感じた。

境内には江蘇省文物保護単位に指定されて

栖霞寺裏山の石窟

いる石造の舎利塔がある。隋の仁寿元年（六〇一）に初めて造られ、その後改修され今に残るのは南唐時代（九三七〜九七五）のものだが、午前中に見学した二陵とともにここに栄えた南唐時代の栄華を彷彿させるに充分な建造物だった。また裏山には、南朝では数少ない石窟群も残されている。

雨の揚州へ

一一月二五日は朝から雨だった。朝食をとった後、一〇時四〇分にホテルを出発し、長距離バスセンターに向かった。揚州行きのバスが出発するのは一一時二〇分、まだ充分に時間があったが、念のためホームに並んでいた。しかし、危うく乗り遅れそうになったのだ。このバスは座席指定のはずなのに、相変わらず割り込んで来る輩《やから》がいるのだ。

なんとかバスに乗ることはできたが、ドライバーはなかなか気の荒そうな人物らしい。用もないのにやたらクラクションを連発するのだ。まるで彼のプライドを誇示しているようだった。途中一度休憩し、揚州に着いたのは午後二時一〇分、約二時間半のバスの旅だった。ちなみに走行距離は約一〇〇キロ。

揚州は運河に囲まれた落ち着いた町だった。遣唐使の時代、鎌倉から室町、さらに江戸時代と、日本の歴史のなかでも最も影響を受け続けた中国の街の一つである。運河に沿って並ぶ柳の風景も、いっそう懐かしさをかき立てる。

中国最長の大河長江を、私たちは揚子江という名で親しんでいるが、実はここ揚州付近の長江の一部を呼ぶ名なのだ。揚子江の名称は、江戸時代の文人たちの間から流行っていったらしい。中国大陸の東西を横切って流れる長江は、先にも述べたように最上流から吒吒《たた》河、通天河、金沙江、長江とまるで出世魚のように名を変えながら流れている。

バスセンターからその夜の宿の西園飯店まではオート三輪のタクシーで向かった。狭い路地の両側には南京と同じように鈴懸の並木が続いていた。狭い道をいっそう狭く感じさせるが、やはり心地良い。

ホテルで荷をほどくと早速街に出た。昼食をとっていないため腹は空いていたが、時間がもったいない。以前にこの町を訪ねていた岡村秀典氏から借りてきた地図をたよりに、新華書店と古書店を目指したが、残念ながらこれといった書籍は見つからなかった。しかし、街行く人がなんと日本人に似ていることか。北京での毎日ではおよそ感じられない親しみを覚える。遣唐使の時代、一部の高級役人は都の長安、洛陽に向かったが、水手《かこ》をはじめ多くの日本人は、この街で数カ月から数年間を過ごした。もしかすれば遙か古代に甘く切ない恋の物語があったかもしれない、などと妄想を抱かせるような雰囲気だ。江南を旅するたびに、日本文化と中国の南方との結びつきの深さを肌で感じるのだ。散策の帰りに友誼商店（外国人のための商店）に立ち寄ったとき、なんと入り口で警備員に止められてしまった。ときおり華僑（外国在住の中国人）に間違えられることはあったが、今回は正真正銘の中国人に間違えられたのだ。やはり私の遠い先祖は南方の人のようだ。

古書店にも寄り、江戸時代の文人にならって印材と硯を購入してホテルに戻った。そして夕食後はホテル内のショップで、日本語を学んでいるという店員としばらく談笑して慌ただしい一日を終えた。

翌二六日も雨。朝食は広い食堂でたった一人。なんともわびしい。念願の大明寺と揚州唐城出土文物管理所を訪ねることにし、瘦西湖《そうせいこ》の畔《ほとり》のバス停から市内バスで唐城跡南端にある文物管理所に向かった。

そこにはみごとな唐代の遺物のほか、戦国、漢、六朝時代の品々も並んでいた。特に六朝の花文塼、師院寺廟出土の瓦、仏像、瓜州八里許庄《かしゅうはちりきょしょう》出土の仏像群は興味深いものだった。

大明寺は、文物管理所の西の小高い丘の上にあった。雨のため参拝者も少なく、とても静かだった。大雄宝殿の後ろには、一九七〇年代に唐招提寺の金堂になぞらえて建立した鑑真記念堂があり、中央美術学院と浙江美術院の方々によって製作された鑑真像が安置されていた。

雨の大明寺を後にして午後一時前にホテルに戻ったが、もう昼食はなかった。仕方なくカフェでまずいコーヒーとウエハースの軽い食事をとり、部屋で小休止の後、翌日向かう鎮江までのバスチケット予約のために再び街にでた。揚州から鎮江までのバス料金は一・〇五元（約一三〇円）で、明朝一〇時半の出発だ。中国旅行で最も大切でまた厄介なのは、交通機関の確保である。一人で普通列車や定期バスに乗れるようになればもう「中国通」だ。なんとか切符を手に入れたあ

大明寺の鑑真像

と、雨の揚州を徒歩で回ることにした。

まず向かったのは、唐代に造られた石塔だった。中国には石窟寺院をはじめ仏教遺跡は多いが、古い石塔は数少ない。塔を見上げながら、唐代に栄えた揚州の歴史の一部を垣間見たような気がした。街中を歩いていると、一人の青年に声を掛けられた。揚州有線放送局に勤めている陳さん（三〇歳）で、いつものように兌換券の交換を願ってのことだった。話してみるとなかなか感じの良い青年だったし、時間も充分あるので同意して彼の家に同行することにした。六人兄弟の長男（一人の姉と四人の弟）の彼はもう結婚し、奥さんは仕事で留守だったが、一歳過ぎのかわいい女の子がいた。しばらく談笑して五〇元（六五〇〇円）を交換してあげた。

中国では外国人の紙幣（兌換券）と中国人の紙幣（人民幣）の二種類がある。その交換レートは場所によって違うが、相対的に南の地方では高いレートで交換できる。なぜ中国人が兌換券を必要とするかといえば、外国製の高級品は人民幣では購入できない、という実態があるのだ。私が留学していた大学に、企業から派遣された留学生も結構いたが、そのなかの一人が広州で多額の兌換券を人民幣に交換して利ざやを稼いだが、大学の授業料をその人民幣で払おうとしたら受け取ってもらえなかったという笑えない話もあった。

四時過ぎに宿に帰ったが、空腹と雨に濡れたためかどうも体の調子が良くない。一人旅なので注意が必要だとあらためて思った。夕方六時にやっと食事をとることができ、その後早めに床についた。

揚州から鎮江

翌一一月二七日も朝から小雨模様だった。体調も考えて少し遅めに起床し、九時二〇分に宿を後にした。友誼商店の前から市内バスに乗り、バスターミナルに向かった。約一五分で長距離バスの発着するターミナルに着いた。私の乗車するのは一〇時三〇分発の鎮江行きだ。時間はまだ充分あったが相変わらずの混雑だった。いざ乗車が始まると、また競争に負けてしまった。幸いなんとか別のバスに乗ることはできたが、前日に予約座席までとっていたバスに乗れなかったのは、いささかショックだった。「文明礼貌」（中国で推奨されている礼儀、公衆道徳を守ろうというキャンペーンの標語）はまだまだ遠いようだ。

一一時に長江の渡し場に着く。雨はだんだん激しくなった。バスを降りフェリーに乗り換え、二〇分後に雨に煙る長江へ出港した。長江の船旅は冬の三峡下り以来だ。といっても今回は対岸までの約二〇分の航行だったが。急いで船を降り、再びバスに乗り鎮江の鉄道駅に着いたのは一二時。揚州を出発してからちょうど一時間半の行程だった。駅前から三輪タクシーに乗り金山飯店に向かった。早速食堂に向かい空腹を満たしたが、大根スープと珍しいトンカツがとてもうまかった。

食事のとき、南京飯店でも見かけた日本人に出会ったので挨拶すると、横浜国立大学の鶴見尚弘教授だった。中国史の研究者で、文化庁の在外研究員として訪中されているとのことだった。

鎮江市博物館

私の友人の持井、三木氏とは旧知の仲だそうだ。久しぶりに日本語で話が弾んだ。

　午後は二時前に市内バスに乗り、鎮江市博物館を訪問した。小高い丘の上にあるしゃれた洋館風の建物にある展示品は、一階には旧石器時代に始まり、商、周、漢から六朝時代の遺物が並んでいた。二階の一室では幸い仏教芸術展が開催されていて、南北朝から唐代の金銅仏が数多く展示され、江南の仏教文化の一端を知ることができた。なかでも唐代の一一体の金銅仏のうち、八体が水瓶を持つ観音菩薩像だったことは意外で、この地域の観音信仰に思いをはせることになった。

　雨はいつになってもおさまらず、どうやら風邪を引いてしまったらしい。早めに宿に帰りしばらく横になる。六時過ぎ食堂で再び鶴見先生に出会い、食後二階のバーに席を移してウイスキーをご馳走になり、一〇時ごろまで議論が続いた。それとともに嬉しいことに風邪もどこかへ飛んでいったようだ。

一一月二八日は八時に起床。外はいちだんと激しい雨。窓を打つ雨音に一人旅のわびしさがますますつのってくる。食堂ではほとんどの客は朝食を終え、鶴見先生もこれから甘露寺を回られるそうだ。食事は包子《パオズ》が格別うまかった。

九時半に金山飯店を発ち、タクシーで駅まで向かい、一一時三〇分発の上海行きの列車の切符を常州まで購入する。料金は一・八元（約一四〇円）。しばらく待って時間どおりにきた列車に乗ることはできたが、中は大変な混雑で荷物を置く場所も確保できないほどだった。約一時間で常州に着き、呼吸も満足にできないほどの環境から解放された。

荷物を駅に預け、雨のなかを力車で博物館を目指した。最初に訪ねた常州博物館には展示物はなく、紅梅公園のなかにあるという。一時五九分発の列車に乗らなければならないため、気が気ではなかったがここまで来て見逃すことはできない。土砂降りの雨のなか、ほとんど駆け足で展示物に目を通したが、六朝から唐代にかけての蓮華文の美しい塼のほかにはあまり目立ったものはなかった。列車にはなんとか滑り込みセーフといったところで間に合い、この旅最後の目的地無錫《むしゃく》に向かった。

黄河文明揺籃の地、河南

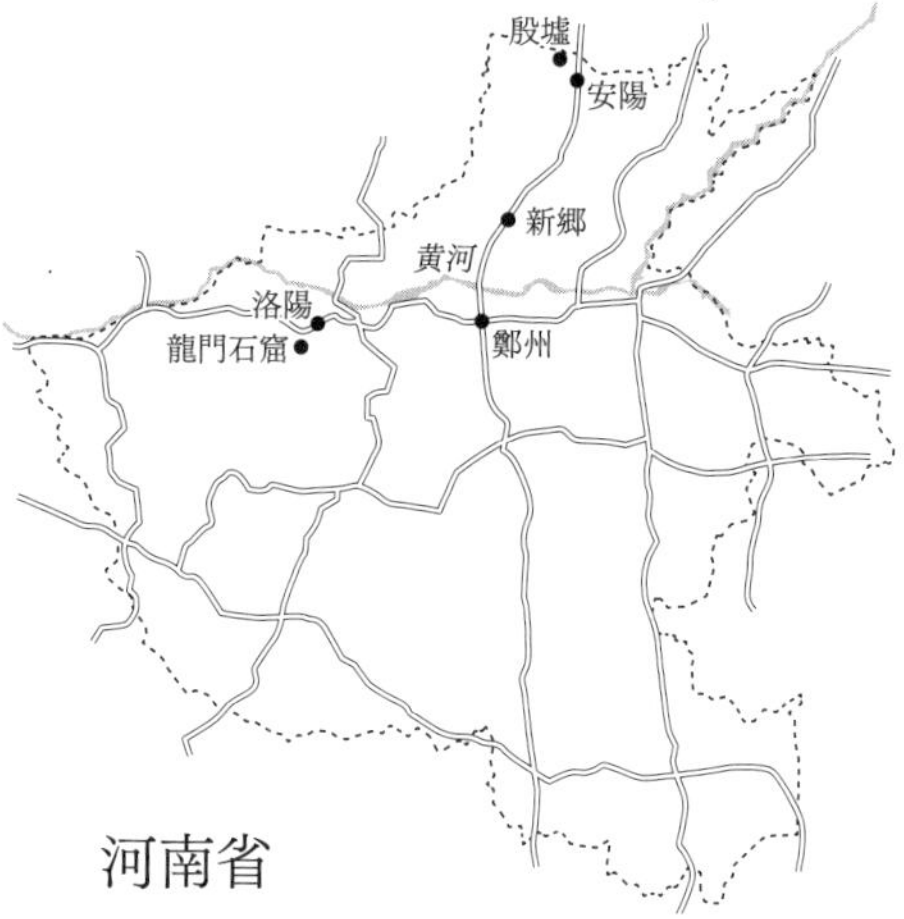

殷墟をめざして

中国の歴史に少しでも関心をもっている人なら、この難しい殷墟《いんきょ》の地名をご存じだろう。一九二八年以来続く発掘調査で、宮殿跡や多くの墓の様子が明らかになり、中国古代王朝の商代後期（紀元前一四～一一世紀）の都として栄えたところで、かの有名な甲骨文字が出土した遺跡だ。私の研究対象とする時代（魏晋南北朝時代）とはずいぶんかけ離れてはいるが、中国に長期滞在しているのに、殷墟も見ていないのは恥だ、と自分に言い聞かせ訪ねることにした。

一九八三年四月一八日、北京駅まで送ってくれた仲の良いノルウェー人のハンセンと別れて気楽な一人旅が始まった。一二時一四分発のウルムチ行き列車に乗ろうと窓口に行き、安陽（河南省）までの切符を買おうと服務員の女性に伝えたが、彼女はつっけんどんに別の窓口に行けと言う。困った顔をしていると、彼女はいぶかしげな顔をしながら「兌換券か？」と聞いた。私がそうだと答えると、なんのことはない。すぐ切符を切ってくれるではないか。さらに発券の段階で「軟座（一等シート）にしないか？」と言ってきた。最初からそのつもりでいたのですぐに応じたが、彼女は最初は硬座（二等シート）しかない、と言っていたではないか。それにしても不思議なところだ。これが偉大な首都北京駅の切符売り場だから、ほかのことは推して知るべし、といったところだろう。

まだ一〇時過ぎで出発まで時間があるので、タクシーで新しくできた香港資本のホテル「建国飯店」まで行き、スクランブルエッグ、トースト、ミルクの軽い食事をとり一一時半に再び北京駅に戻った。これからしばらくは、こんな豪華（？）な食事にはありつけないだろう。

私が最初に乗ったコンパートメントには、ウルムチまで行くという人民解放軍の幹部の男性が一人先客として座っていた。目的地まで三日半の列車の旅である。夏の休暇で訪ねたウルムチの話が弾んでいたとき、一人の老婦人が案内人に送られて入ってきた。彼女はどうも私が彼女の席に座っていることが気にいらないらしく、盛んに大声で抗議をしてきたのだ。私の切符は車掌が持っており、この席も彼女（車掌）に指示されたところだが、聞く耳をもたない。車掌もお手上げで、私に隣の部屋に移ってほしいという。こんなうるさいばあさんと一緒の部屋にはいたくないので、早速部屋をかわることにした。しかし、ばあさんはまだ大声でぶつぶつ言っている。よく似た経験は何度かあるが、彼らの多くは周りの人のことはまったく考えていない。自分のこと、身内のこと、親しい友人のことになると本当に優しく熱心だが、第三者に対してはそういった配慮がない。腹が立つより哀れささえ感じるときがある。

静かな隣の部屋で、先に輝県を旅していた北京大学の西村俊範氏が送ってくれたレポートを読んでいると、新しい同室者が入ってきた。香港のサラリーマンで保定《ほてい》まで行くそうだ。とても感じの良い三〇歳前後の青年だった。保定は北京から二時間ほどの所にある町だ。彼が下車してしばらく経って河北省の省都の石家庄を過ぎたころ、隣の解放軍の幹部が私の部屋に移ってきた。やはり彼もあのばあさんには参ったようだ。しばらく世間話をする。

午後六時五〇分、最初の目的地安陽に着いた。駅の出口から一歩外に出ると、駅前広場はまるで競技場のスタンドの観客かと思うほどの人たちが地べたに腰を下ろしている。三輪タクシー乗り場にいる運転手に聞くと、みんな汽車を待っているのだという。春節でもないのにこの大移動は何事だろうと考えてしまう。そして、商代後期に栄えた都も今はとても貧しい街だなと感じたのが第一印象だった。

三輪タクシーで宿にしようと思っていた大行賓館に向かった。七時二〇分ごろチェックインするが、フロントの青年は外国人の客に慣れていないらしく、私の簡単な言葉も聞き取れないらしい。すぐそばにいた解放軍の初老の紳士が通訳してくれてやっとことが進んだ。そして青年から、もう時間も遅いので夕食は出せないがどうするか、と聞かれたがどうしようもないではないか。彼からは明朝少し早めに七時ごろ朝食を食べてはどうか、という提案があったので素直に同意した。しかし、この青年がなかなか親切で、私のリュックを部屋まで運んでくれた。この国に来てから今まで経験したことがなかったので、なぜか嬉しくなった。翌日の予定は、朝食の後タクシーの運転手と相談することにしよう。この安陽付近には北斉時代（五五〇～五七七）の石窟が結構あるので、できることなら少しでも多く見たい。そして空腹のためか、殷墟と博物館を見学できれば、石窟以外はどうでもいいという気になった。持参していたチョコレートがこんなにうまくてありがたいと思ったことは初めてだった。

殷墟の調査事務所を訪問

安陽の二日目の朝は、七時前の電話で目を覚ました。昨夜のフロントの青年が、約束どおり早めの朝食の案内をしてくれたのだ。早速一階の食堂に向かったが、外国人用の大きな室内は、がらんとしていて客は私一人だった。食事のメニューは、スクランブルエッグと甘いトーストとミルク。なんと前日に当分は食べられないだろうと建国飯店で食べたものとまったく同じではないか。またこれが思いのほかうまくて、その日はなんだか良い日になりそうな気がした。

部屋に戻りくつろいでいると、国際旅行社の担当者劉振太氏が訪ねてきた。もちろん初対面だが、人の良さそうな中年男性であることは、彼の言葉や振る舞いから充分伝わってきた。

現在では考えられないだろうが、この当時はたとえ一人の旅であっても必ず国際旅行社の案内役が付いていた。これはたいへん便利でありがたいことではあったが、反面自由はきかず味気ない気がしないでもなかった。劉さんと一日の行動の打ち合わせを始めるが、私の最も望んでいた石窟はすべて見学不可能という。まだ外国人には見せられる状態ではないという理由だ。北斉時期の中小規模の石窟が多く点在していることはわかっているのに、こんなに近くまで来て見られないというもどかしさを感じる。しかし、ここで意見を主張してもまったく意味がないことを長い中国生活で身にしみている私は、あっさりと諦めて殷墟と安陽市博物館を訪ねることにした。

殷墟の中国社会科学院考古研究所安陽工作站（調査事務所）がある小屯《しょうとん》は、この大行賓館から一〇キロばかり西の郊外にあった。「小屯」という村の名前は、私たちの高校の歴史のテキストにも見られるほど有名だけれど、実際は田舎の貧しい小さな村だった。この一帯に栄華を極めた商代晩期の都があったことは、歴史に関心をもたない人であれば知る由もないだろう。

工作站へは劉さんから連絡があったようで、楊宝成《ようほうせい》先生が迎えてくれた。先生は北京大学を一九六三年に卒業された方で、同級生に敦煌文物研究所の馬世長先生（現・北京大学教授）がおられるとのことだった。書物のうえでは良く存じあげてはいるものの、先生の前では緊張したが、親切に所内を案内していただいた。展示品はどれも発掘調査で出土した学術的価値の高いもので、専門の研究者であればどんなに感動するだろうと思いながら、約三〇分で見学を終えた。私にとって最大の収穫は、この遺跡の一角で隋、唐代の墓もいくつか発見されていることだった。

私と一緒に回っていた劉さんは、先日訪ねてきた私の友人で同じく北京大学留学生の持井康孝氏は三日間もここに滞在したのに、と軽蔑を含むにこやかな笑いで私の不熱心さを話題にする。しかし、あなたの専門は隋、唐だからというフォローも忘れなかった。甲骨文字の研究者の持井氏と同じに見られてはたまったものじゃない、と話題を変えることにした。持参した橿原考古学研究所附属博物館の図録を楊先生に差し上げたお返しに、村山孚《まこと》氏が『人民中国』に連載されている「中国考古の旅」の殷墟が書かれている号をいただいた。

楊先生にお礼を述べた後、劉さんと私は工作站の裏手にある婦好墓《ふこうぼ》の発掘跡を見学するために、小屯の村を過ぎ畑地に出た。あのおびただしい青銅器をはじめとした遺物が埋ま

中国考古学研究所の安陽調査事務所

っていた墓跡は、なんの変哲もない畑の一画にあった。何も作物が植えられていないことと、まだ埋め戻し後のやわらかそうな土の状態のままということから、かろうじてその場所だろうと思えるくらいだった。商代の墓は王墓であっても後世のように巨大な墳丘はもたない。墓上に祭祀をおこなうための建築物は建てられていた可能性は強いが、残っているものはない。

小屯の村

埋め戻しの終わった婦好墓

ボーリング調査によると、まだ婦好墓と同規模の墓がここから五〇メートルばかり離れた畑のなかに眠っているらしい。この地区は殷墟のなかでも宮殿区の一部と考えられており、以前にはさほど立派な墓の存在は予想されていなかったところである。この場所に立ち、遙か北を望むと王陵地区、目を東北に移すとやや小高くなり木々の緑が続く宮殿地区を望むことができる。一八八九年の卜骨の発見以来、戦前の一五回にわたる発掘、解放後の一九五〇年の武官村大墓、一九七六年の婦好墓、祭礼坑の調査など世界の考古学、歴史学界につねにビッグニュースを提供し続けている殷墟の遺跡が、このあたり一帯の二四平方キロの地下に眠っていると思うと、戦慄に似た興奮を覚えた。小屯村の入り口に書かれた「小屯」の文字を記念に撮影し、劉氏とともに安陽に向かった。

安陽の町

殷墟の遺跡から安陽市内に戻って訪ねたのは、清朝末期わずか八三日間皇帝の座に着いたといわれる袁世凱《えんせいがい》の墓だった。コンクリートで覆われた円形の墓前には墓碑、石人、石獣が並び、形式的には皇帝陵に準ずるものだった。現在は前面に安陽市博物館が建ち、館内には殷墟の遺物が多く並んでいた。

一一時過ぎ宿に帰った後、昼前までさっき頂いた日本語版の『人民中国』をテキストに、劉さんに日本語の手ほどきをした。昼食後は四時過ぎまでゆっくりと昼寝。一人旅はこれが良い。

初めての町に来たときは、必ず探し訪ねるのが新華書店という中国最大のチェーン書店だ。この日は劉さんから教えてもらっていたので、出かけようとしたとき、階段をあわてであがってくる劉さんに出くわした。すんでのところで入れ違いになるところだった。彼の話は、私が頼んでいた邯鄲《かんたん》への旅行証がここでは手に入れられないので、次の新郷でとってほしいということだった。なんでも安陽の公安局が面倒くさがっているらしい。ここで文句を言っても仕方がないので、明朝八時五九分発の列車で新郷を目指すことにする。

劉さんと別れて、書店を探すことも含めて市内を散策した。残念ながらこの町最大の書店は休みで、新華書店も見つけるが、食指をそそるような本は見当たらなかった。そして次に向かうのがいつものとおり外文書店だ。この書店も中国のちょっとした町には必ずあるといっていい。外国語を主に扱う所なので、私たち旅行者や研究者は見逃せない書店である。そこで早速道で出会った二人に「外文書店はどこですか?」と中国語で聞くと、一人は「なに?」と聞き返し、私が正確な北京語の四声でもう一度ゆっくりと聞き返すと、「意味がわからない」と言う。しばらくしてやっと理解できたようで、彼はまったく違った四声で外文書店を発音し、「知らない」と答えた。中国語には、日本人にとっては発音に加えて厄介なものに、それぞれの文字にアクセントを付ける声調というのがある。北京語では一声から四声まである。膨大な漢字には同じ発音のものが多いことから、この声調(四声)で聞き分けるのである。安陽の方言かもしれないが、声調とはなんなのかと一瞬考えてしまった。

市の中央のロータリー横の人民法院（裁判所）前の掲示板に、新しく掲示された文章があり、多くの市民が見入っていた。野次馬根性を出して私も人混みをかき分け記事を読んでみた。例によって横領や婦女暴行などの記事だが、なかには女房が女の子を二人産んだが夫が次々に娘を犯し、女房が自殺したという話や、公衆トイレから出てきた若い女性に、無理矢理キスをして舌をかみ切られた男の話など、まるで『日本霊異記』か『今昔物語集』のタイトルにでもできそうな出来事が掲示されていた。悩める中国の実態の一部を示しているのだろう。

宿には六時過ぎに帰り日記を付けていると、再び劉さんが現れ服務員と二人で部屋にテレビを運んでくれた。これはまったく彼の仕事外のサービスである。本当に親切な人だ。

翌四月二〇日は七時過ぎに目覚める。荷物をまとめ、朝食を済ませ読書をしていると、八時過ぎに劉さんが登場。フロントで勘定も済ませ、旅行社への車代の精算をしたが、劉さんはガイド代を受け取らなかった。案内の車で安陽駅に向かったが、肝心の切符はまだ手に入れてなかった。そこでも劉さんは列車長に話を付けてくれて無事乗車できた。広州行きの特快である。人懐っこくて親切な劉さんは、日本語で「さようなら」と言って私の手を強く握った。

私の乗ったコンパートメントには、寧波《ニンポウ》まで行く公安局の幹部と、同じ職場の若い娘さん二人が先客でいた。彼らと談笑しているうちに、安陽を発って一時間半ほどの一〇時一七分に次の目的地、新郷駅に着いた。

比干墓を訪ねて新郷へ

新郷駅に着くと、駅前にたむろする三輪タクシーのなかで信頼できそうなおじさんを捜し、友誼賓館まで送ってもらった。三輪車はどこでもそうだがホテルの門からなかには入れない。重いリュックを背負ってゲートをくぐろうとすると、人相の悪そうな守衛に声を掛けられた。半ば怒鳴りつけられているような感触だ。ここまでは以前に学習した西村俊範氏の旅日記と同じパターンである。老守衛は何かぶつぶつ言っているがよくわからない。私はここに泊まりたいのだと言うと、部屋の有無はフロントで聞けと言う。そんなことはわかりきっている。要はこの門をくぐって建物に入りたいのだ。

フロントでは少し手間取ったが、なんとか部屋にありつくことはできた。これまた胡散臭《うさんくさ》そうな老服務員が案内してくれたが、話してみるとなかなか親切な人だった。

通された部屋は思ったよりきれいだった。早速、国際旅行社に連絡をとってくれるように頼み、荷を解いた。明日の邯鄲行きが可能になることを期待しながら服務員に案内されて食堂に向かった。例によって客は一人もいなかったが、しばらくすると黒人と華僑《かきょう》と思われる二人連れがやってきた。久しぶりに青島ビールで喉を潤し部屋で旅行社からの連絡を待った。

二時を少し回ったころ、国際旅行社の二人がやってきた。一人は上司らしく、もう一人が私を案内してくれる五〇歳前後の、まるで京劇の役者か俳優のような顔をした典型的な中国人タイプの顔をした人物で、名は牛《ニュウ》さんという。まず、私から午後の見学の希望を述べた。汲《きゅう》県の比干《ひかん》墓と新郷博物館に行きたい旨を伝えると、博物館は新しくするために整理中で見学できないが、親しい日本の朋友のために、明日私の見学したい石刻像はなんとかしようと言ってくれた。早速、午後の見学に出発だ。牛さんが私のために玄関に回してくれた車は、なんと中国の最高級車「紅旗」ではないか。急に優雅な気分になり、ゆったりとした後部座席に腰を下ろした。

汲県は新郷市の北東約三〇キロのところにあり、比干墓は比干廟村のなかにあった。途中の道路は現在拡張工事をおこなうため、両側の並木を伐採しているところだった。付近の人民公社の農民総出で作業をやっている。しかし、彼らは道を行く車やロバの荷馬車などにはお構いなしに、大木を道路に横倒しにしてのんびりと寸法を測りながらのこぎりで切っている。その間、車は待ちぼうけである。私はあまり気にならないのに、牛さんは申し訳ないと思ったのか、二度も車を降りて彼らをせき立てて切った木を一緒に運んでいた。三〇分余りの後、車は出発し比干墓に着いた。この墓は河南省文物保護単位（省指定文化財）になっており、門をはじめ前面の建築物は大修理中だった。

比干とは『史記』殷本紀によると、紂王《ちゆうおう》の暴君をいさめたために殺された忠臣とされている。後世の人びとは彼の勇敢な振る舞いに敬意を表し、その墓に廟を建ててこれを祀った。清の乾隆（一七三六〜一七九五）版の『汲県県志』には、その墓は周の武王（紀元前一〇二七〜一〇二五）によって造られたものをもとに、北魏の孝文帝（四七一〜四九九）が廟を建てたと記されている。廟の面積は約七ヘクタールに及ぶ広大なもので、影壁、三道門楼、拝殿、大殿、廂房などの建築物が並んでいる。墓前には六四基もの石碑が立ち並び、そのなかでも著名なものは北魏の孝文帝の建てた（宋代重刻）比干文刻石、陳の宣帝（五六八～五八二）が祀った比干文、唐の太宗（六二六～六四九）が下した殷太子比干の詔、唐貞観一九年（六四五）の祭文（元代重刻）および乾隆帝の碑などで、歴代の皇帝がいかに比干の行動を重視していたかがわかる。おそらくその背景には、権力者たち自身への戒めの思いもあったのだろう。

墓は石碑群の後ろにあり、直径二〇～三〇メートル、高さ五～六メートルの円墳状のものだ。目下この建築群は解体修理中で、近い将来装いを新たに参拝客に姿を見せることになるだろう。私たちのほかに新郷市の中医学院の若い学生たちが参観していたが、博学の牛さんは彼らに比干墓の歴史について熱弁を

比干廟の建物

ふるっていた。

その後、私たちは比干廟村を後に、再び新郷に戻った。その途中も相変わらず並木の伐採で交通は渋滞していたが、牛さんは再び下車して彼らを手伝っていた。

新郷と郊外の遺跡を訪ねる

新郷市内に戻ったあと、私たちをのせた紅旗は町の北一五キロの鳳凰山南麓にある潞簡王《ろかんおう》の墓を目指した。この墓は背後に鳳凰山をひかえた見晴らしの良い場所に築かれ、まさに風水にかなった立地だ。潞簡王は名を朱翊鏐《しゆよくりゆう》（一五六八〜一六一四）といい、明の穆宗《ぼくそう》（隆慶帝）の第四子で、明の第一四代皇帝神宗（万暦帝）の唯一の同母弟である。墓は東西に二つ並んでいるが、東が潞簡王、西にあるのが次妃の超氏の墓になっている。左右に並ぶ墓はともに南面し建築物もほぼ同じで、総面積は一一万平方メートルにおよんでいる。墓の前には立派な石碑坊、両側には精緻を極めた雲龍の彫刻を施した石華表、神道の両側には獅子、麒麟、駱駝、象、羊などの石獣一四対が並んでいる。墓区内の棱恩門《りようおん》、棱恩殿、明楼などすべてが明の皇帝陵に準じて造られている。墓区の周囲は六メートルの石積みの城壁で囲い、陵墓の正面には高さ一〇・三メートルの城楼があり、その下には三つの門を設けている。地下の王自身の墓室に入ることもでき、北京郊外にある明の一三陵のうちの定陵を一回り小さくしたものと言えよう。ちなみに墳丘の直径は約四〇メートル。現在ここも大規模な修理中で、一部発掘調査がおこなわれていて、以前の建物の基礎が現れていた。現在新郷市博物館に所蔵されている石碑も、将来はこの場所に展示するそうだ。

新郷市内の宿舎に戻ったときは、もう六時前になっていた。途中、車中での牛さんの話によると、現在この町には中国人男性と結婚し、暮らしている日本人の女性が何人かおられるとのことだった。また、日本人の「新郷会」という組織が作られ、会員は三〇〇人にものぼり、時折来訪されるそうである。このような一般の観光客の訪れることの少ない町と日本人との関係を知らされると、その背後にある歴史を詳しく知らない私にとっては、親しみが強く感じられるような気がした。

最近訪ねてこられた「新郷会」の方たちが、潞簡王の墓がこれほど立派に修復されつつあることに大変驚いておられたと、牛さんは誇らしげに私に語ってくれた。

過去に幾度か悲惨な目にあった文化財が、その修復の方法にいくらか問題はあるにしても、このように復興してゆくことは中国人の民族意識を高めるという中央政府の思わくを抜きにしても

潞簡王墓の神道

意義のあることだと思った。

翌四月二一日も朝八時に牛さんが来室し、早速見学に出発。車は、また紅旗だ。最初に訪ねたのが町外れにある新郷市博物館の出先機関のようなところだった。そこで博物館の杜《と》彤華《とうか》氏が同乗することになった。なんでも博物館を新築する計画があり、遺物は倉庫にしまって一般には見学させていないらしい。ところが日本人の友人のたっての望みのため、牛さんがあらかじめ連絡しておいてくれたのだ。杜氏と一緒に新郷市図書館横の倉庫に入ると、そこには数多くの石碑とともに北魏から唐代にいたる仏像石刻が雑然と並んでいた。これらの資料は、先年の一九八一年発行の『文物資料叢刊』五に杜氏をはじめ新郷市博物館の方々が詳しく報告している。その雑誌を杜氏からプレゼントされた。この地方は東魏、北斉の都近くにあたることから、このような仏像や石窟寺院が造

新郷市博物館の杜彤華氏と

られたのだろう。

その後杜氏も一緒に輝《き》県に向かった。近いうちに北京・香港間の自動車耐久レースがあるそうで、この道中でも盛んに道路工事がおこなわれていた。そんなわけで輝県城には入らず、百泉《ひゃくせん》に向かうことにした。そこにある百泉公園の北側に碑廓があり、そこにも多くの石碑とともに最近出土した四体の仏像が展示されていた。四体とも釈迦像で、一体目の立像は背面に景明四年（五〇三）一〇月七日の年号と題記、供養者像が記された学術的価値の高いもので、像の容貌も北魏の特徴をよく示していた。

充実した見学を終えて、再び新郷市に戻った。杜氏は、三九歳で河北師範大学歴史系を卒業し、九歳の女の子と六歳の男の子の父親だそうだ。熱心で良心的な人物だ。中国歴史博物館の兪偉超先生をよくご存じとのことで、よろしく伝えてほしいと頼まれた。中国各地を旅行していると、地域でがんばっている人たちの間では兪偉超先生がいかに慕われているかを実感することが多い。この杜氏もその一人で、今後とも付き合ってゆきたい人だ。

昼食の後、すべての支払いを終え牛さんと駅に向かった。列車は二時五八分の出発のはずが二時間遅れで五時前にやっと乗車できた。河南省の省都鄭州には六時一〇分に着いた。最大の目的だった邯鄲には行くことはできなかったが、また次の機会があるだろう。明日は北京に帰ることを思い、小旅行の最後の夜の床についた。

福建省から江西省、景徳鎮へ

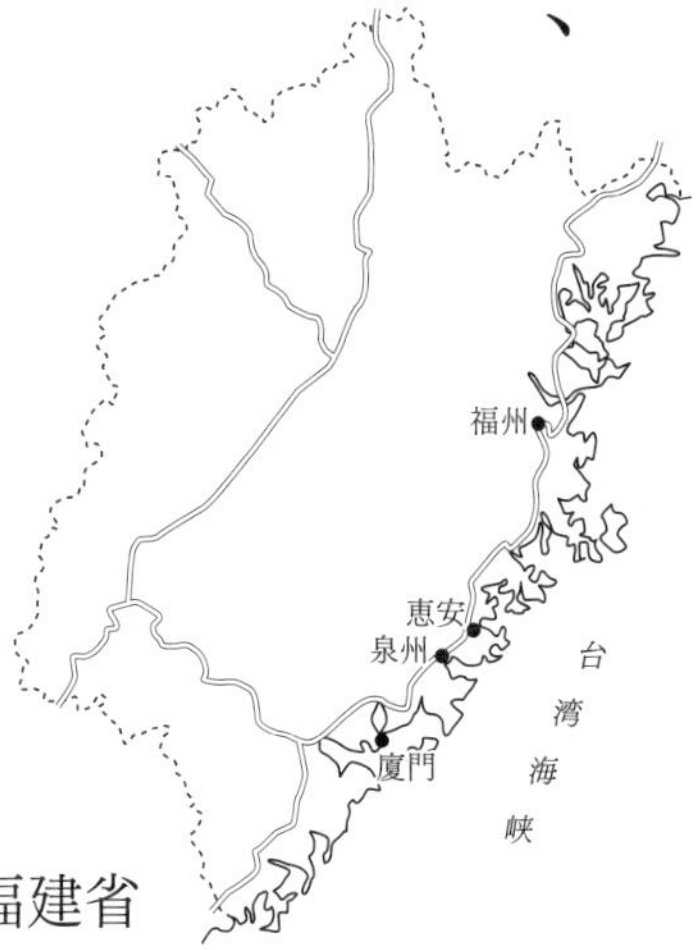

福建省

福州への鉄道の旅

中国留学もあますところ四カ月ばかりとなった一九八三年の五月一七日、まだ訪ねたことのない南方の福建省への旅を計画した。世界で活躍する華僑の故郷としても知られるこの地は、漢の時代には北に隣接する浙江省とともに会稽《かいけい》郡が置かれ、現在の福州市には東治《とうや》県が設けられていた所だ。三国時代には呉の領域にあたり、かの『魏書』東夷伝倭人条には、邪馬台国が「会稽東治の東」と記されていることから、一度はこの目で確かめたいと思っていた。

いつものように出発は北京駅からである。午後五時一二分発の福州行きの列車に乗った。これからほぼ二日間ひたすら走り、明後日の昼前には福州に着く予定だ。軟臥車（ファーストクラス）は一部屋を四人が使用する構造になっているいわば密室で、一人での長旅はそのルームメイトの良し悪しで気分もずいぶん変わることがある。今回は乗車時には私のほかに二人の中国人男性がいて、ともに話し好きの感じのいい人たちだった。一人は北京の映画会社の老幹部（王さん）で、福州での会議に参加するらしい。もう一人は福州の人（陳さん）で、北京への出張からの帰りだそうだ。彼等の話す普通語（標準語）はとてもわかりやすくて、まだ言葉に自信のない私にとって、室内は絶好の生きた中国語会話のレッスン場になった。夕食は三人そろって食堂車で一杯五毛（六五円）のニンニクの茎山盛りと、スライスした豚肉の入ったラーメンを食べた。これで明日からは体のなかからニンニクの臭いが醸し出されるだろう。心身ともに中国人と一体になれるかもなどと悠長なことを考えていた。そんなとき、午後九時過ぎに新しい乗客が一人、私たちのコンパートメントに加わった。

農村からやってきた風情の彼は、場違いなところに入ってしまったといった顔つきで居心地が悪そうだったが、開口一番私たちに切符の料金を質問した。一三〇元（一万六九〇〇円）だと答えると、ため息混じりの声で「高すぎる」と悲壮な顔つきになった。しかし隣の部屋に仲間がいて、切符はその人物が買ったらしい。まあそれは良いとして、彼の足の臭いがたまらない。以前上海からの帰りに同じような経験をしたことがある。あのときは硬臥車（二等車）で、空気が流れていたからなんとか我慢できたが、今回は密室である。二人の乗客もさっきまでの饒舌が嘘のように黙りこくっている。私は上段のベッドに上り、毛布をかぶって耐えようとしたが、通路を挟んで隣が彼の寝床である。このつらさはたとえようがない。それでもしばらくは眠りにつけたようで、翌朝再び臭いで目を覚ました。こんな目覚めも初めての経験だ。朝食はコーヒーと持ってきていたビスケットで済ませた。臭いの君が部屋の外の椅子に座ってくれているときが天国だった。

九時前、長江に架かる南京大橋を渡った。前年ここを訪ねたときには天気は思わしくなかったが、今回は快適だ。それにしても長江の水は濁っている。これでは黄河と同じではないか。鎮江、常州と列車が通過するたび、傘が一時もはなせなかった昨年一一月の一人旅が思い出された。窓外の小麦畑が美しい。まさに麦秋真っ盛りといったところだ。さすが中国屈指の穀倉地帯である。常州駅では陳さんが買ってくれた一籠四毛（五〇円）の小さいシューマイをご馳走になった。昼食は食堂車で、臭いの君も一緒に四人で食べた。豚肉とキュウリの炒め物とスープと白飯で一・一元（約一四〇円）。彼は私が一杯の飯を食べ終わる前に二杯目を済ませ、最後のスープにとりかかった。このスープはそのままで結構旨かったが、彼は醤油、酢、さらに塩、胡椒を加えて黒くなったのを「このスープは旨い」と言いながら平らげてしまった。

昼食後、間もなく列車は上海に着いた。臭いの君と仲間はここで降りた。誰も口には出さなかったが、同室の二人からも安堵の表情がうかがえた。上海から杭州までの田園風景はすばらしい。南船北馬のことわざどおり、村々のいたるところにクリーク（運河）がめぐり、小船が行き交っている。その合間をぬってアヒルの集団が行く。まるでメルヘンの世界のようだ。ちょうど麦刈

上海、杭州間の田園風景

りと田植えの真最中で、人民公社で働く農民の姿も遠くから眺めている限り、その風景の美しさもあいまってか、黄土地帯のような殺伐さが感じられないような気がした。五時ごろ杭州に着き、あたりも少し暗くなったので少しベッドで横になり二時間余り睡眠をとった。七時過ぎに起き出すと陳さんが言うには、私が眠っていた間の風景がこの行程で一番美しい田園風景だったらしい。残念なことをした。

夕食は前夜と同じラーメンで、山盛りのニンニクの茎。臭いの君の席には、新しい住人が上海から加わった。おとなしい中年の男性だったが、他のコンパートメントに友人がいるらしく、私たちの話には加わらなかった。少し早めの九時過ぎに横になり、ゆっくりと五木寛之の『わが心のスペイン』を読み終えた。前夜のことを思うと、なんとすばらしい夜だったことか。

五月一九日は七時過ぎに目覚めた。もう福建省に入ったようだ。列車はいつの間にか蒸気機関車に引かれ、昨夜とは逆方向に走っている。夜の内に機関車を取り替えたらしい。珉江《みんこう》に沿ってゆっくり走る列車の窓外の木々や草の緑は、前夜の雨のためだろうかひときわ鮮やかに見える。懐かしい草いきれの匂いも、思えばもう二年ぶりのものだ。目に入る景色のなかで、道行く人びとや家屋のたたずまいを除けば、自然の風景は日本とほとんど変わらない。水田の稲の育ち具合から見て、ここでは田植えから二、三週間は経ったのだろうか。人家の周りに植えられた芭蕉が南国の風情を醸し出している。蜜柑畑も点在している。そういえば温州蜜柑の故郷は隣の浙江だった。

列車は定刻どおり一二時三〇分過ぎに福州駅に着いた。二日足らずの旅をともにした映画会社の王さんとは別れ、親切な陳さんとともに三輪タクシーに乗って市内の華僑大廈《かきょうたいか》に向かった。ガジュマルの並木の通りを行く人たちの顔つきは丸く、小柄な人が目立つ。大柄な華北人のなかで一年半を過ごしてきた私にとって、この土地の雰囲気はとても良いものだった。陳さんはホテルのフロントまで連れていってくれた。そのうえ福州市内の略図を描き、何か困ったことがあれば連絡するようにと彼の家まで教えてくれた。本当に親切な人だ。彼のお嬢さんは北京の清華大学で化学を専攻する超エリートだ。典型的な知識階級の一家だ。家庭でもきっと良い父親だろう。

福建省の旅はこのようにして始まった。

バスに揺られて泉州へ

親切な陳さんと別れて華僑大廈にチェックインした。といっても貧乏留学生の身、豪華な部屋に泊まることなどはできない。三人の相部屋だ。私の入室で、昼寝中の中年の先客を起こしてしまった。私もシャワーを浴び、二日足らずの列車の旅の疲れを流して一眠りする。心地良い午睡のあと四時過ぎに街に出た。行き交う若い娘たちが驚くほど可愛い。この光景を旅の案内書のカラーグラビアなどで目にすれば、さぞかし魅惑的に感じるだろうと思うけれど、眼前の娘たちの会話や振る舞いを目にすると幾分か差し引かなければならないと感じるのも現実で、そこがまた旅の面白さでもある。東街の繁華街の入り口で、交通安全の腕章を付けた四人の男女がトラックの上で芝居をやっている。見慣れた京劇スタイルだが、ここでは越劇スタイルと言うのが良いのかもしれない。顔は派手に化粧をしているものの、服装は普段着というアンバランスがおもしろい。熱演で観客も多い。ほとんど聞き取れないが交通安全のキャンペーンらしい。

トラック上で京劇

新しい町を訪ねると、いつも最初に向かうのが新華書店と古本屋と決めているが、この福州には食指を動かすようなものはなかった。宿に帰り食堂で早めの夕食をとった。メニューは焼きそば、卵スープ、青菜の油炒めとビールで計三・七元（四八〇円）。それぞれものすごい量でとても食べきれない。周りの客席は海外から帰国中と思われる人、地元の人たちが入り混じって満員だ。さすが華僑の故郷、熱気があふれている。

部屋に戻ると三人目の若い青年が入ってきた。彼は明朝早く香港に向かうらしく、間もなく寝床に着いた。夜一〇時を回ったころ、中年紳士が帰ってきた。彼は泉州の出身で今は香港で中医の医者をやっているが、今回は久しぶりの里帰りとのこと。一九六六年に福州の医大を卒業したそうだから四〇歳過ぎだろう。思っていたよりも気さくで話もおもしろい。驚いたのは、彼も明朝私と同じ九時発の泉州行きのバスに乗るという。予約した座席は、彼が九番で私が一〇番という奇遇。明日もまた半日お付き合いすることにして床に着いた。

五月二〇日は六時前に目覚めた。香港行きの青年はまだ床のなかだった。昨夜の話では早朝のバスと言っていたので起こしてあげた。出発は六時半らしく早々に別れを告げて出ていった。私とお医者さんはそろって食堂で朝食をとった。お粥と包子を食べたが、なんと彼がおごってくれたのだ。一人八毛（一〇〇円余り）だけれど、その気持ちがとても嬉しかった。一泊五・五元（七一五円）の宿代を払い、二人で三輪タクシーに乗って長距離バスセンターを目指した。

九時発のバスに客は乗り始めるが、なかなかはかどらない。空模様もあやしく、今にも降り出しそうな天気だ。先に席に座っていた私はふと乗車してくる客に目をやると、見るからに重病そうな老人（さほど年は取っていないようにも見えた）を無理矢理バスに押し上げようとしている。カッパを着た農民風の男が引きずるように後方の席まで運び、そのまま降りて立ち去ってしまった。私はあっけに取られながらこの光景を眺めるしかなかった。他の乗客も気味悪そうに彼に視線を注いでいる。顔に血の気はなく、痩せこけ、本当に骨と皮だけだ。それに比べて下半身は腫れ上がってしまっている。座ることも苦しいようで、後方座席に横になっている。隣の席のお医者さんは、やりきれない表情で「肝炎だ」と私に告げた。バスが発車して間もなくアクシデントが起こった。運転手が急ブレーキをかけた途端、その老人が床に投げ出されてしまったのだ。彼はそこで身動きすらできない。胸がつまされる思いだった。しかし、同じバスに乗り合わせていた人民解放軍の若い兵士二人が老人を抱き上げてくれたのだ。このときほど解放軍同志がすばらしく見えたことはなかった。少しホッとしたが、これから六時間余りの旅が続くが、無事向こうまでたどり着けるだろうかと思うとたまらない気持ちになった。お医者さんも首を横に振るだけで言葉すら出ない。重苦しい雰囲気が車内に漂っている。バスが揺れるたびに乗客の視線は後方座席に注がれ、何も異常がないとバスのなかの空気すらホッとため息をつくようだった。

福州から泉州までは一九六キロ。車窓から見る田園風景は、車内の雰囲気とは違って美しかった。このあたり一帯は花崗岩が多く、特に昼の休憩（一一時から四五分間）を取った江口から南の家々はすべて石造りで、道路端の公衆トイレまで石造建築だ。バスは午後二時ごろ恵安に着いた。その少し前ごろから後ろの老人が何か運転手に告げたそうに声をあげていた。乗客の助言で運転手はバスを止め、彼の話を聞こうとするが、誰も聞き取れない。大方の意見では、どうも恵安で降りたいらしい、ということで一致した。幸い解放軍の二人もここで下車するらしく、親切に老人に手を貸していた。これはマスコミに対するやらせでもなく、解放軍のプロパガンダでもない。二〇歳くらいの若者と三〇歳前後の青年だろうか、ほとんど動くことのできない病人を抱えるようにして、バス停横の建物の階段に座らせた。しかし、迎えの者は誰もいない。年長の兵士が若者に何か指図していた。私が見届けたのはそこまでで、バスは発車してしまった。車内には重苦しい雰囲気と同時に、緊張感から解放された安堵感のような複雑な気配が漂っていた。

隣のお医者さんの話によれば、老人にはおそらく帰る家はないだろう。病院で手の施しようもないので放り出したのだろう、とのことだった。むごい話だ。偉大な社会主義国家の一面をこうも目の当たりに見せつけられ、やるせない気持ちになる。あの老人の苦しそうで悲しそうな顔は一生忘れられないだろう。

恵安を発った後も天気はかんばしくなく、小雨が降ったり止んだりで、まるで私たち乗客の心を見透かしているようだ。水田の畦には竜舌蘭が自生し、村中の農家の脇には芭蕉の葉が茂り、南国を感じさせてくれる。午後三時、終着の泉州に到着した。お医者さんは駅前にたむろする三輪タクシーに話をつけて、私を華僑大廈まで送ってくれた。

かつての国際都市泉州

小雨に煙る泉州の街中は風情があった。花崗岩の石畳に石造りの家々、狭い路地に屋根にそりのある家並み、そしてカラフルな服装で行き交う人びと。特に老婦人のなかには、北京ではほとんど見かけることのない一昔前を彷彿させる中国服に身を包んでいる人もいる。線香の立ちこめる寺院にたたずんでいると、マルコ・ポーロが伝えた、またイブン・バットゥータが記した古き時代の泉州に迷い込んだのでは、と錯覚するくらい強い印象だった。中世（中国に中世はないが、その言葉でしか表せないようなニュアンス）の町が忽然と目の前に登場したのだ。清浄寺のイスラム教建築がこの狭い道路に面してなんの違和感もなく存在しているのを目にしたとき、その印象は決定的なものになった。車はほとんど通らず、歩く人のほかは自転車と力車のみだ。心地良い気持ちでホテルに向かった。

イスラム教建築の清浄寺

華僑大廈のフロントの青年は親切だった。この日はどうしても独りになりたいと、一四元（一八二〇円）を払う約束をして一部屋を借りた。バス、トイレ、テレビ付き、まあいいだろう。荷物を部屋に置きその足で旅行社に行った。明日の見学の計画を立てるためだが、もし案内のガイドを頼めば一日四〇元（五二〇〇円）という。あまりに高いのであきらめ、予定を変更し、早速力車に乗って街中の西街にある開元寺に向かった。この寺の創建は唐代の六八六年で、もとは桑畑であったがこの桑に白蓮花が咲いたことから、この地の領主だった黄守恭《こうしゆきよう》がここに蓮花寺を建てたのが始まりという。やがて開元年間に玄宗皇帝が全国に開元寺を置くのに伴って、七三八年に開元寺と改められたという歴史をもっている。ちょうど日本でも七世紀後半の天武・持統朝に創建された寺院が、奈良時代の聖武朝に国分寺に生まれ変わった状況とよく似ている。

現在も寺域は広大で、南北六三〇メートル、東西五〇〇メートルの規模を誇っている。山門に入ってまず目に入るのが雄大な東西の塔だ。東塔は鎮国塔と呼ばれている八角五層の高さ約四八メートルの石塔だが、もとは唐代の八六五年に建てられた木塔で、宋代に塼塔になり、嘉熙二年(一二三八)から淳祐一〇年(一二五〇)に現在の姿になったようだ。西塔は仁寿塔の名で知られているが、この塔も東塔によく似た経歴をもっている。創建は五代の梁の貞明二年(九一六)で、閩王《みんおう》の王審知《おうしんち》が木塔を建てて無量寿塔と名付けたのに始まり、北宋の政和年間(一一一一~一一一八)に塼塔になり、南宋の紹定元年(一二二八)から嘉熙元年(一二三七)にかけて石塔に改装されたらしい。この塔は高さ四四メートル。両塔とも八〇〇年近くの間、まったく変形することなくその雄姿をとどめ、泉州の歴史的シンボルとして親しまれている。しかし、私がこの寺でぜひとも訪ねたかったのは、実は大雄宝殿(本堂)だった。明代の重厚な入母屋造りの建物は、間口九間、奥行き六間、高さは二〇メートルと大きい。また建築を支える柱は石柱で、その柱の数が一〇〇本(実際には九四本)あることから百柱殿という名ももっている。この柱のなかにヒンドゥー

開元寺東塔

大雄宝殿

ヒンドゥー教のレリーフのある柱

教風のレリーフを施したものが二本混じっているのだ。私はこの柱の前に立ち、かつて泉州が世界に誇る貿易の地として栄えたときのことを思った。

いつの間にか夕暮れどきで、山内の僧たちも仏殿の戸締まりにかかり始めた。時間があればまた翌日も訪ねたいと思いながら、再び力車に乗って宿に帰った。

夕食に紅焼魚と卵スープと焼きビーフンを注文すると、テーブルに運ばれてきた料理の量が半端ではなかった。充分三人前はあるではないか。同じテーブルの先客たちはニヤニヤ笑っている。一気に食欲が落ちてしまった。青島ビール一本とそれぞれの料理に手を付けたが、とても食べることはできなかった。

翌五月二一日は早朝六時前から廊下から聞こえてくる騒がしい声で目覚めた。隣近所の部屋を占拠している華僑のおばさんたちだ。それでもしばらくはベッドでうとうとする。少し旅の疲れが出たのだろうか。朝食は抜きにして見学を始めようと思ったが、外は激しい雨。タクシーで回るしかないと思い、一階フロアーにある旅行社を訪ねた。ここでただ独り日本語のできる陳女史の手伝いを得ながら、私の最も訪問したいマニ教の草庵への交渉をタクシーの運転手と始めた。ところが運転手氏はなかなか同意してくれない。はじめは雨のため三〇キロも離れた山麓まで行くのは億劫なのだろうかと思っていたが、どうも本当は行ったことがないようだ。残念だが今回は諦めるしかない。急遽予定を変更して、午前中は再び開元寺、それから老君岩、イスラム教聖墓、清浄寺を訪ねることにした。

八時半にホテルを出発し、昨日と同じ道を開元寺に向かった。しかし、今日の目的は泉州福建省海外交通史博物館を見学することだ。この博物館は寺境内の東側と市外東部の二カ所に分かれているが、最も有名な古船はここに陳列されている。一九七四年に泉州港の水中から発掘された沈没船で、発掘した部分で長さは二四・二メートル、幅九・一五メートル、総重量は二〇〇トンにものぼる大型の船だ。宋、元代の外洋船の典型的なものだが、沈んだ船には銅、鉄銭、香木など、泉州が国際貿易都市として繁栄していたことを私たちに物語ってくれる品々が積み込まれていた。

魅惑の町、泉州

海外交通史博物館では思いもかけなかったヒンドゥー教やイスラム教の石刻の拓本を手に入れることができ、外で待っているタクシーの時間も忘れてしまっていた。雨のなか、次に向かったのが、泉州市の市街から北に八キロばかりのところにそびえる清源山（四九〇メートル）の右峰、羅山と武山の麓にある老君岩《ろうくんがん》だった。この地には宋代に多くの道教寺院があったようだが、今は高さ五・一メートル、幅七・二メートルの巨大な老君岩が残っているだけだ。天然の岩から彫り上げたもので、その静かなまなざし、穏やかな顔、自然な風貌は後ろの山並みとマッチして、道教の自然を尊ぶ思想がみごとに表されている。ちょうど雨模様で霧が深く立ち込めていたこともあり、いっそう幻想的な光景を醸し出していた。

老君岩の前にしばらくたたずんでいると、にぎやかな華僑のおばさんたちの団体がやってきた。若い女性の添乗員は私を見つけると普通語（北京語）で詳しく説明を始めてくれた。きっと広東語でまくし立てるおばさんたちとのつきあいに辟易していたのだろう。彼女たちはこれから友誼商店で買い物だそうだ。私はそこからイスラム教聖墓に向かった。市の東門外二キロほどの聖墓村にあるこの墓は、伝承によると唐の武徳年間（六一八〜六二六）に中国に布教のためにやってきたムハンマドの四人の弟子の内の二人が眠っているという。墓所には元代のアラビア語を刻んだ石碑と、明の鄭和《ていわ》が一四一七年に建てた中国語の石碑などがある。清の乾隆帝のときにも整備されたらしいが、美しく立派な墓所だ。そこから少し下ったところの草むらにも多くのイスラム墓地が並んでいて、あらためて泉州の国際性を実感することになった。

老君岩

ムハンマドの弟子の墓

このあたりには花崗岩の自然の巨石が多い。巨石の上に傾いてのっている巨石が風や人の手では簡単に動くが、決して落ちることがないという「風動石」という名所もこのイスラム墓のすぐ下にあった。

その後は雨が激しくなったので街中に戻り、清浄寺を訪ねることにした。ちょうど修理中で詳しく参観はできなかったが、イスラム暦の四〇〇年にあたる北宋の大中祥符二年（一〇〇九）に創建されたイスラム教寺院である。中国に現存する最古のモスクの一つで、中国とアラブ諸国の交流を示す貴重な文化財だ。

昼前に宿に戻りしばらく休んでいると、ロビーで午前中に老君岩の前で出会った華僑のおばさんたちから午後の見学を誘われた。別にこれといった予定もなかったので、喜んで参加させてもらうことにした。約束の一二時半にホテル前のマイクロバスに乗り、シンガポールのおばさんたちとの小旅行に出発だ。

最初の見学地は、泉州市の東郊の恵安との境界を流れる洛陽江に架かる洛陽橋だった。北宋の嘉祐四年（一〇五九）に造られたこの橋は、元は幅五メートル、長さは約一二〇〇メートルもあったらしい。現在は幅七メートル、長さは八三四メートルと変化しているが、その橋脚部分は元の形をとどめていて、石造りの土台部分は上流に向かって舟形に造られている。流れに対して少しでも抵抗力をなくすためのアイディアだが、これは近年の発掘調査で明らかになってきた、滋賀県の琵琶湖から流れる瀬田川に架かる唐橋《からはし》と同じ構造だ。瀬田の唐橋は飛鳥時代に大陸から伝

洛陽橋

わった技術で造られた橋だが、この洛陽橋も同じルーツをたどることができるのだろう。雨は小降りになった。添乗員のお嬢さんはバスのなかでは広東語で説明したので、降りてからは私のために北京語で熱弁をふるってくれる。他の人に申し訳ないと思うが彼女はお構いなしだ。

橋の向こうの恵安は石材の加工で有名な町である。いくつかの工場を見学したが、おびただしい石材の山のなかで小学生くらいの少年を含む多くの作業員が、鑿《のみ》をふるっていた。驚いたのは、彼らが造っていたのは日本でよく見られる小型の石の地蔵尊、さらには石灯籠、石塔だった。日本人の技術指導によってここで造られた大量の石造物が、安価な値段で日本に輸出されているのだろう。古代からの泉州との対外貿易は、形を変えながらも現代につながっていることを実感することになった。

見学の最後は午前中に訪ねたばかりのイスラム教聖墓だった。土砂降りになってきたが、バスを降り泥道を歩いた。実は午前中にカメラのキャップをなくしてしまったが、どこで落としたのかわからなかった。しばらく歩いているとそのキャップが目の前の泥のなかにあるではないか。本当に驚いた。そのことをおばさんたちに話すと、「これは何かの因縁だ」などと言って一緒に

石仏を刻む少年

喜んでくれた。半日の旅行を終えてホテルに戻り、出発前に確認していた料金を払おうとしたところ、要らないと言う。午前中に独りでタクシーに乗って多くの車代を使ったろうからという理由だ。なんと優しい人たちだろう。あらためてシンガポールからの華僑のおばさん団体と若い添乗員に心から感謝する。

翌五月二二日の朝も例によって廊下の大声で目覚める。しかしまだ六時前だ。泉州から廈門《アモイ》行きのバスは八時二〇分発のはずなのでまだ時間はあるが、仕方なく起きて朝食をとった。七時半ごろホテルを出発し、力車でバス乗り場に向かった。福建省の南北の長い海岸線沿いには列車の線路はない。そのため長距離移動にはバスを利用するしかない。ここから廈門までは一〇六キロ、約三時間の行程だ。エキゾチックな趣の泉州に別れを告げ、次の目的地廈門を目指した。

美しい廈門

泉州のバスターミナルを出発したのが午前八時二〇分、三時間余り窓外の移りゆく景色を満喫したが、なかでも驚いたのは道路端で牛の解体を目にしたときだった。たまたま交通渋滞でバスが動かなかったため降りてカメラに収めたが、新疆で目にしていた羊の解体とは比較にならないほど強烈な印象だった。郊外の道路は街中よりは広くスムーズに車は走るが、時おり通る街中の人混みは半端ではない。運転手の鳴らす金属的な警笛は耳をつんざかんばかりだ。

泉州とはまた違った異国情緒の漂う廈門を思うとき、まず浮かんでくるのが明末の英雄だった

道路端で牛の解体

国姓爺《こくせんや》鄭成功《ていせいこう》（一六二四〜一六六二）だ。泉州人の鄭芝龍《ていしりゅう》と肥前の平戸藩士の娘、田川マツとの間に生まれた彼の活躍は、少数民族の満州族の興した清朝に徹底抗戦した英雄として、漢民族の間では今に語り継がれている。日本でも近松門左衛門がいちはやく『国姓爺合戦《こくせんやがっせん》』という浄瑠璃本に登場させ、鄭成功を和藤内《わとうない》という名に置き換えて竹本座で上演し、後には歌舞伎でも市川團十郎の荒事の演目として人気の出し物になっている。

廈門の町は港の西の海上七キロにある鼓浪嶼《ころうしょ》、通称コロンス島とともに鄭成功の時代から中国と東南アジア、さらには欧州との貿易基地として発展し栄えた町である。コロンス島には一九六二年二月に鄭成功による台湾奪回三〇〇周年を記念して建てられた鄭成功記念館があり、日中の友好のシンボルとして多くの観光客を集めている。

一一時半、町の中央ターミナルに着いた。早速力車で華僑大廈に向かうつもりだったが、念のため港近くの宿も数件当たってみた。しかし、廈門のホテルに淡い期待を抱いていた私の夢はみごとに打ち砕かれ、結局のところ予定どおり、華僑大廈まで行くことになった。幾分か車代は高く付いたが、力車をこぐ彼の流れる汗を見れば当然だ。廈門の街並みは古いコンクリート造りの高い建物が並び、香港のオールドタウンを思い浮かばせる。街行く人たちは華北の人たちのように大柄ではなく、私のような小柄な者にも違和感はない。私はこういった街や東南アジアの言葉の通じない雑踏のなかを一人で歩くとき、言いようのない安堵感を覚えることがしばしばある。三〇年近く前に司馬遼太郎さんから「君はグエン・カオ・キの従兄弟みたいな顔しとるなあ」と言われたことがある。当時の私は今よりも痩身で、おまけにひげを蓄えていたので、南ベトナムの将軍で最後はアメリカに亡命した人物に似ていると言われて、妙に納得したことを思い出す。おそらく遠い昔、私の先祖は東海を越えて稲作とともにやってきたのだろうということを、こういった旅をしていると肌で感じることが多い。

華僑大廈は主楼と新楼と旧楼の三つの建物からなっている。最初新楼で断られ、次に主楼に行ったがここにも部屋はないという。しかし、ここのフロントにいた中年のおばさんが珍しくとても優しくて、いろいろ考えてくれた結果、旧楼の一室一〇元（一三〇〇円）の部屋をあてがってくれた。お世辞にも良い部屋とは言えないが、比較的清潔で最も嬉しいことは服務員の態度が良いことだ。一見美しそうなホテルで、つっけんどんな服務態度に出会うと腹立たしさも倍増するが、こういったところでこのような応対を受けると喜びが倍増する。それも一人ではなく旧楼の人たちみんなが優しいのだ。おそらくこの楼の責任者の姿勢から来るのだろう。

しばらく休んだ後、主楼の食堂で昼食をとった。中華定食のようなもので、いくつかの料理を一皿に盛りつけたものとスープだったが、味付けがまるで日本で食べる中華料理のようだ。泉州で出会ったお医者さんからうまさは聞いてはいたが、本当に驚いた。食後、ホテルのそばを散歩していると、近くの食堂では道路にテーブルを出すほどのにぎわいで、生け簀には魚が泳ぎ、若い白人女性二人がうまそうにゆで蟹をしゃぶっている。こういうときの一人旅は寂しい。

街のメインストリートの中山路を歩き、波止場へ向かった。近くの海上ではコロンス島に建つ洋館を背景にジャンク（帆船）が行き交っている。まるで数世紀前の映画のワンシーンを見ているようだ。久しぶりにゆっくりとした午後を過ごし、格別においしい夕食を終え、翌日の景徳鎮《けいとくちん》行きにそなえて早めに床についた。

翌五月二三日は早朝五時ごろ、外の喧噪で目覚める。七時過ぎに朝食をとり、服務台の親切なおばさんに景徳鎮行きの列車の切符の手配を頼んだところ、一〇時過ぎに来るよう

湾内をゆくジャンク

にとのことだった。荷造りの後少し早めに主楼に行くと、客はたくさんいたがすぐに切符を取りだしてくれた。列車の時間にはまだ間があるので、タクシーで華僑博物院を訪ねた。院内には福建から世界に羽ばたいた華僑の歴史が、写真と記録で丁寧に展示されている。また二階には中国各地から収集した青銅器から清代の陶磁器までのみごとな品が並び、華僑の人たちの財力を垣間見たような気がした。

とても心地良い一日を送ることのできた華僑大廈を一二時前に出発し、タクシー乗り場に向かう途中で偶然にもあの親切なおばさんに出会った。心からのお礼を述べ廈門駅に向かった。列車に乗るのは福州以来だから四日ぶりだ。

一二時五五分発の上海行きの直快（急行）で、目的地の景徳鎮に行くには途中の鷹潭《ようたん》で乗り換えなければならない。ここから乗換駅まで約七〇〇キロの距離だが、到着は明朝六時三九分、なんと時速四〇キロにも満たないのろいスピードである。半年前の貴陽から柳州までの旅（六一〇キロを約二三時間）に次ぐ遅さだ。しかし座席は軟臥（一等寝台）だから文句は言えない。同室者は中年女性に三〇代の弟と二〇代の奥さんの三人連れ。また楽しくなりそうだ。

陶器の町景徳鎮へ

上海行きの直快で乗り合わせた三人は、インドネシアに住む華僑で、これから一カ月をかけて中国を旅するそうだ。中年女性によると、みんなインドネシアで生まれて、弟夫婦はこれが初め

江西省

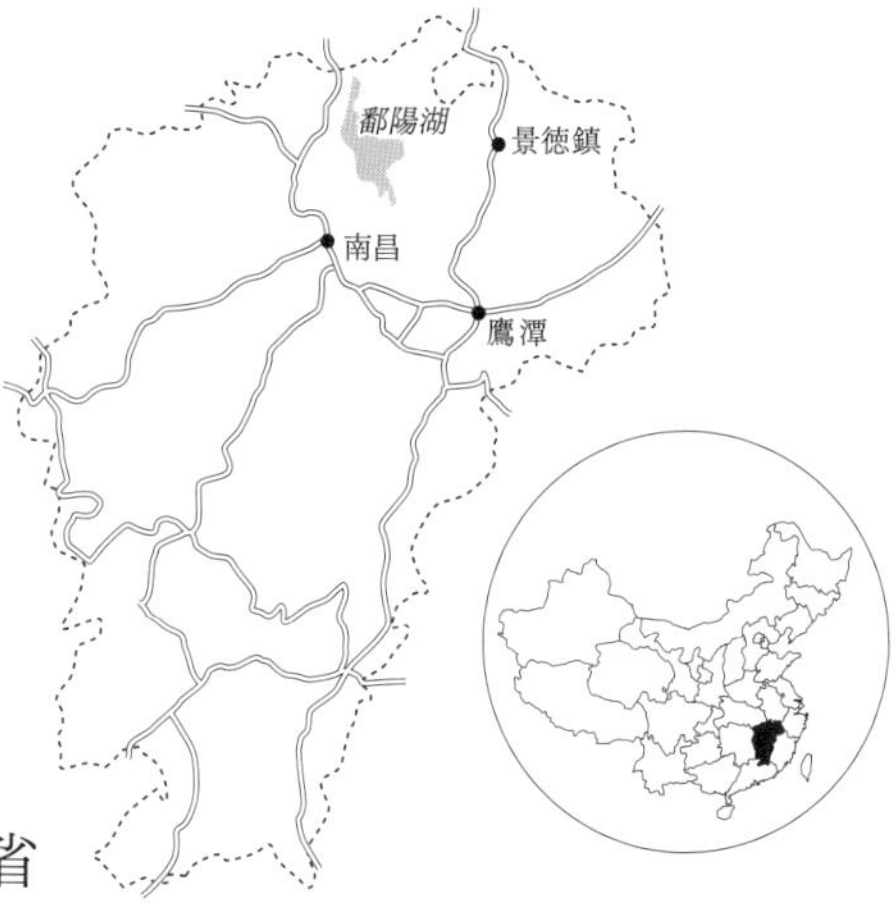

ての母国訪問らしい。二人のテンションの高さがそれで納得できた。姉さんは一九五七年に一度帰国し、一六年間天津で暮らし、大学卒業後結婚もして仕事についていたが、一九七三年の文化大革命の最も激しいころ、我慢できず香港へ出国したとのこと。今は生活が安定し、こうやって久しぶりに故国を訪ねる気になったのだ、と話してくれた。

汽車は本当にゆっくりと走っている。九龍江に沿ったあたりの風景は、日本と見間違うような懐かしい眺めだ。昼食抜きなので少し腹にこたえたが、彼女たちからもらったビスケットとひまわりの種でしのぐ。中国での一人旅は、タイミングを逃すと食事にありつけないことが多々ある。ビスケットやチョコレートなどは必携品だが、その日は手持ちのものは底をついていた。

それにしても彼女たちのマナーはなっていない。一等寝台室の絨毯に食べ物の皮が見る見る散らかっていくではないか。そのいっぽうで私に発した質問は、「中国ではどこの女性が一番美しいと思うか」だった。そして私が答える前に、彼女たちは「上海の女性が一番」と相槌を打っている。そのわけは、色が白くてハイカラで香港の女性に一番近いからだそうだ。彼女たちの脳裏にある美人とは、どうも美しく着飾ることが最も大切な要素らしい。本当の美しさはその振る舞いからにじみ出るものだ、と言ってやろうかと思ったがやめた。

夕食は食堂車でずいぶん待たされたが、これがうまかった。廈門でも感じたが、南の味付けは私たちにぴったりだ。北京で長く暮らしていると、その違いがいっそうわかってくる。食後は中年婦人と会話が弾んだが、一〇時過ぎに床についた。私の寝床は上の段だが、下の彼らはうるさい扇風機を付けっぱなしだ。その音と風でなかなか寝付けなかった。

翌五月二四日は早朝五時三〇分に華僑婦人が起こしてくれた。彼らはもうすでに荷造りを終えていた。列車は六時三九分に鷹潭に着く予定なので私も急いで洗顔し、荷物をパックして到着を待った。

鷹潭駅には、ほぼ予定どおりに着いた。三人組は南昌行き。私は景徳鎮行きにここで乗り換えなければならない。お互い「一路平安《イールーピンアン》（お元気で）」の言葉とともにホームで別れた。景徳鎮行きは七時二〇分発だが、もうすでに同じホームの反対側に止まっていた。思っていたとおり、おんぼろ列車だ。典型的なローカル線の車両である。もう客はたくさん乗っていたが、幸いにも一番隅の窓側の席が空いているではないか。喜んでそこを確保したが、間もなく車掌がやってきてそこは駄目だと言う。あらためて背もたれを見ると白墨で「服務員（車掌）の席」と書いてあった。仕方なく隣へ移り若い男生と相席するが、いつものとおり質問の嵐だ。向かい側に座っている中年の男性も時々会話に参加するが、青年が私に中国についての意見を求めると、「そんなことには答えないだろう」と言う。私も彼の気持ちが理解できたし、あまり意味のないことと思い答えなかった。やがてもう一人、年のころ三〇歳過ぎの農村男性も加わり、彼ら二人は文革中の旅行の思い出話に華を咲かせている。文革中、おそらく紅衛兵だった彼らは列車はすべて無賃で乗り放題、自由に旅ができたのだ。私の中国の友人の何人かも同じような経験を語ってくれたことがある。向かいの中年男性は苦虫をかみつぶしたような顔をしているではないか。しかし、彼らはおかまいなしだ。何か現代中国社会の問題の一面を目の当たりにしているようで、とても興味深かった。

会話に参加せずに、私は列車の窓から風景を追った。水牛と農家の建物をのぞけば、福建よりも浙江よりも日本の景色に近い懐かしい感じがする。

鷹潭から景徳鎮までは一五七キロの距離だが、この間を七時二〇分から一二時二五分までのなんと五時間をかけて走るのだ。時速は三〇キロにしかならない。それでもまったく苦にならないから不思議だ。

列車はこれもほぼ定刻に到着。景徳鎮の駅は殺風景で、仮設のような門を出ると、外では力車が数台客を引いていた。そこには三輪オートのタクシーは見あたらない。総人口六六万人、市内の人口四〇万人のかの有名な景徳鎮は、私の抱いていた印象とは少し違っていた。一人の老人の力車に乗って予約していた賓館に向かった。乗る前に力車の料金を尋ねると、三・五元（約四五〇円）という答えが返ってきたので、ずいぶん高いなとそのときは思ったが、そのわけはすぐわかった。なにしろ坂が多くてそのうえ宿までの距離も考えていたよりも遠かった。ときおり車夫は自転車を降りて、ロープを使って私の乗る後部座席を引きながら進んでゆく。上に乗っている私も気が気でない。途中で降りて一緒に歩くことにした。無言でこぐ彼の足は、みみず腫れのように血管が浮き出したたくましい足だった。おそらくこの足で家族の生活を支えているのだろう。

目的の宿は蓮花糖公園という美しい公園の奥の静かな緑のなかにあった。

景徳鎮の工房を訪ねる

緑の多い静かな蓮花糖公園の一角にある宿に着いたときには、午後一時を回っていた。その日は朝食も抜きだったので、なんとか昼食を作ってもらえるよう交渉する。フロントの女性は思いのほか優しい人で、厨房の担当者に交渉をしてくれた。久しぶりに冷えていないビールと、結構うまくて量の多い食事を堪能した後、少し休もうとベッドに横になった途端、それまでの疲れがどっと出てきたのか、いつの間にか眠ってしまっていた。目が覚めると、時計はもう五時を回っていた。これでは次の南昌行きの飛行機の切符も取れないし、見学もできない。しかし、いっぽうではこんなときは一人旅の気楽さを堪能できるときでもある。

夕食の食堂で二人の日本の青年に出会った。京都のある大手印刷会社の技術者で、焼き物に文様を印刷するための機械の据え付けと、その使用方法の指導に来ているそうだ。食事の後も彼らの部屋に移り、三人で話が弾んだ。出てくるのは彼らのこの国での日常の苦労話で、私が日頃感じている印象とほぼ同じだったが、私は仕事、つまりお金とはかかわることのない立場なのでそうでもないが、企業から派遣されている彼らの悩みと苦労は相当なもののようだ。いつの間にか一一時過ぎまで話し込んでしまった。

翌五月二五日の朝も、いつものように窓外からのにぎやかな声と歌声で目覚めた。しかしまだ五時前である。朝の体操をする人、太極拳に集中する人、駆け足の人、緑の公園は早朝から健康的で健全なムードで一杯である。しかし、私がいつも思うのは、こんな健康的な人たちがなぜあんなに公衆道徳を守らないのか不思議でならないのだ。喧噪を耳にしながら、あまり健康的でない私がベッドから起き上がったのは七時過ぎだった。朝食の後、服務台で飛行機の予約が可能か尋ねたところ、臨月と思われるお腹の大きい娘さんはとても親切で、電話で問い合わせてくれた。ところが二八日まで満席とのことだった。飛行機は八人乗りの小型機とはいえ三日先まで満席とは思ってもいなかった。おそらく南昌あたりで幹部（役所や企業の管理職）の会合でも開かれるのだろう。仕方なく翌日の朝のバスで移動することにした。

その日は一日景徳鎮の見学にあてた。時間を有効に使いたいために国際旅行社に連絡し、案内人をお願いした。しばらく部屋で待っていると、スーツを着た大柄な若い女性がにこやかに日本語で挨拶しながら入ってきた。旅行社の日本語通訳の高虹《こうこう》さんで、二六歳だそうだ。ちなみに中国では女性の年齢を聞くことは失礼ではない。昨年の夏に大連外国語学院を卒業し、遠く離れたこの景徳鎮の職場に派遣されたそうで、この二月に結婚した主人は大連で働いているとのこと。大連での一カ月の新婚生活の後、彼女は一人で再びここに戻り、将来いつごろ一緒に暮らせるかはわからないそうだ。彼女はさりげなく、なかばあきらめの表情で語ってくれたが、ここでも当時の中国社会の苦悩の一端を垣間見た気がした。しかし、彼女はそんな自身の苦悩は微塵も見せず、快活に、熱心に、額に汗しながら日本語で案内してくれた。私は中国語を勉強したいのだが、彼女はこの機会に少しでも日本語を話したいとの希望があり、二人の会話は日中お互いの言葉の入り交じった楽しいものになった。

最初の見学地は工芸瓷廠《こうげいししょう》だった。焼き物の絵付けをしているところである。工場長の胡さんの案内で作業現場をゆっくりと見せてもらった。精巧で美しい絵柄を、いとも簡単そうに描き出す熟練した彼らの手の動きを見ていると、まるで魔法にかけられているような気さえするのだ。なかには若い少年、少女の姿も混じっていた。三年の見習いでほぼ一人前になるそうだが、この道五〇年の

壺に絵付けをする女性

老人絵師も同じところで黙々と作業を続けていた。景徳鎮の焼き物の美しさは、何百年と続くこの伝統と歴史が作り出したのだろうと実感できる体験だった。その後文物商店に寄り、ささやかな趣味である清朝末期の香炉と皿を安く手に入れ、充実した午前の見学を終えた。

伝統の古窯で焼かれた品々

午前中に見学した工芸瓷廠は、いわば現代風の焼き物だったが、午後から訪問したところは、景徳鎮の古い伝統を守りながら製品を作っている窯だった。昼の休みが終わるころの二時少し前にロビーに下りると、律儀な高さんは約束の二時ちょうどに私を迎えに来てくれた。老運転手の古ぼけたタクシーに乗って私たちが目指したのは、町の西郊外の丘陵のなかほどの静かな環境にある古窯廠だった。ここでは伝統的な工程をそのままおこない、明、清代の焼き物と見紛うような趣のある陶器を作っていた。午前中の見学とはまた違ったおもしろさがあった。かといってここで製作しているものが骨董品の贋物として世の中に出ているわけではない。外国人用の接待室を兼ねた建物は、古い清朝の廟を移建したものらしい。そこに展示されている作品は、どれも年代を経たものと寸分違わないみごとなものだ。

あいにく工場長は留守だったので、若い娘さんに案内してもらおうとしていたところに、幸いにも工場長が帰ってこられた。穏やかな親切な人で、この古窯廠の説明のあと現場を案内していただいた。最初の場所は素焼きの土器に絵を描き乾燥させるところで、細長い板の上に一列に碗を並べ、二つの作業場の間に作られた棚の上で自然乾燥させていた。若い人も老人も慣れた手つきで、この碗の並んだ細長い板を自由に操っている。轆轤《ろくろ》を使い土器を整形しているところも見学した。轆轤は時々長い棒を使って反動をつけて回していた。回転方向は日本と逆方向だ。そういえば中国ではヨーロッパなどと同じように、ノコギリを使うときは押し切りだったことを思い出した。根拠のない説のなかに、手前に挽く日本のノコギリの使用法は、大陸からさまざまな技

古窯廠で焼かれた品々

焼成に用いる松材の山

術を移入するときに編み出した方法だ、というのがあるがどうだろうか。

窯は作業場の中央にあった。月に一回の割合で火入れし、一度に二万五〇〇〇点を焼き上げるそうだ。工場長の案内で窯内に入ったが、内部は乾燥しきっていて歩く度にふれる足元の小さな石ころが、カサカサと音を立てている。窯壁の煉瓦はすべて高熱のため黒く光っていた。燃料は松材を使っている。松は灰が少なく、油を多く含み、土器焼成にとっては敵の硫黄成分もないため、最適の材である。まるでログハウスと見間違うように四角く積み上げられた松材の山は、一つ五トン。一回の焼成にこの一山を消費するようだ。単純計算では土器一点に約二キログラムの燃料を使うことになる。火入れをすると一昼夜焚き続けるのだ。

景徳鎮の街中を走っているときに感じたのは、風景が瀬戸や美濃の窯業地帯に本当によく似ているということだった。なだらかな丘陵、低く繁った灌木など懐かしい気さえする。良くわからないが粘土地帯の特徴なのだろうか。

ひととおり案内していただいた後、事務室で工場長から記帳を頼まれた。すらすらと中国語で書きたいところだが、残念ながらまだそこまでは及んでいない。日本語で書いた文章の横に通訳の高さんがすてきな中国語訳を添えてくれた。ここの作品を販売する売店で青花の茶碗を一〇個購入した。とても素敵なものでもっと欲しかったが、これ以上は重く、また壊れるとまずいので諦めた。ちなみに値段は一個三元（約四〇〇円）。結構な値段だった。これらの茶碗はその後八回におよぶ引っ越しを経て、わずかではあるが、数点我が家の食器棚に並んでいる。見学の最後は、敷地内に建つ資料館の陶器館を訪ね、新石器時代から現代にいたるさまざまな焼き物を堪能した。

午後四時半ごろ宿舎に戻り、しばらくすると高さんが汗を拭き拭きバスのチケットをもって来てくれた。翌朝六時にホテルの前まで迎えに来てくれるらしい。何から何まで本当にありがたかった。これで明日には湖南省の省都南昌まで行けそうだ。おんぼろバスで六時間の旅になるが、この景徳鎮での焼き物のすばらしさと、優しい人たちのことを思うと、その余韻でなんとか乗り切れそうだ。

古窯廠で求めた青花の茶碗

西寧駅

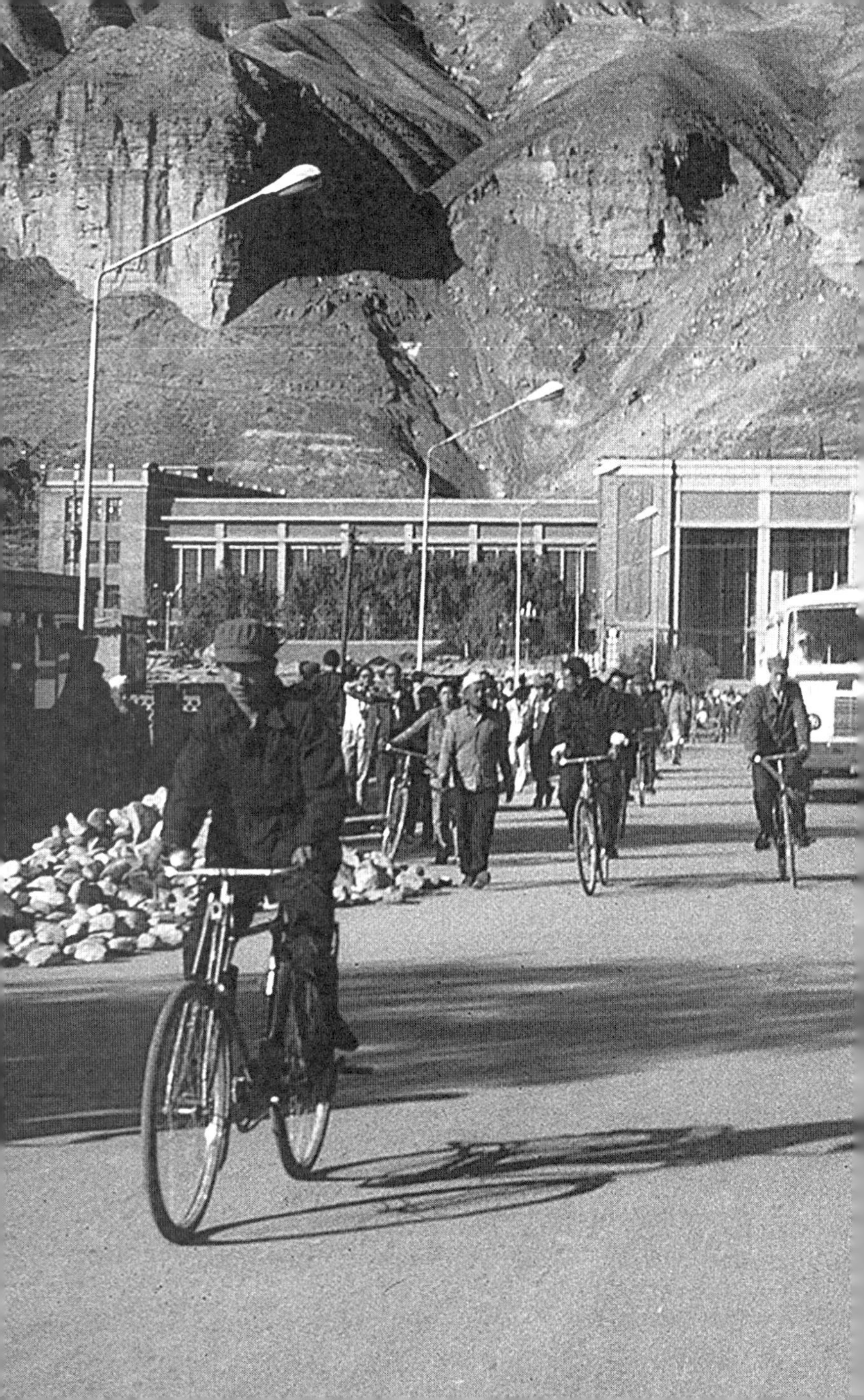

未知の高原、青海省

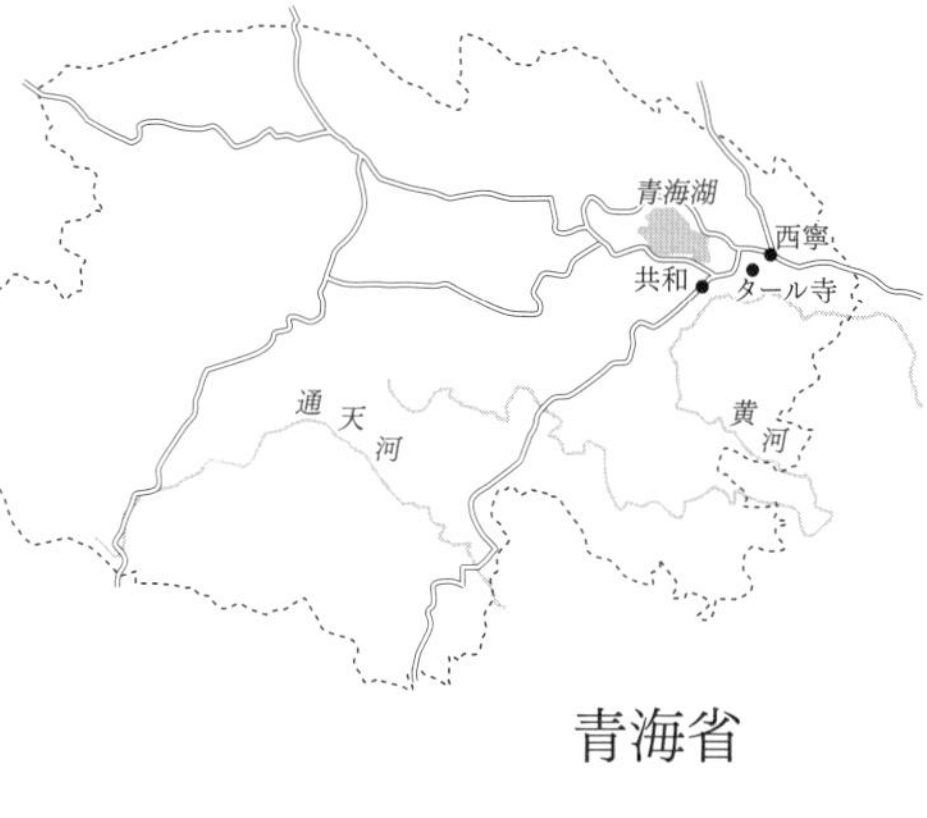

青海省

未知の世界、青海へ

二年間の北京留学も後一カ月余りを残すだけとなった一九八三年八月初旬、北京大学の友人から耳寄りな情報が入った。それはつい最近、青海省と寧夏回族自治区の一部が外国人旅行者のために開放されたというニュースで、かねてからその機会を狙っていた私は早速旅の準備にかかった。厄介な外国人旅行証の用意ができた後、八月一一日から一六日までは、日本からの知人の旅行団とともに洛陽、西安を旅した。そして北京に帰った四日後の八月二〇日、夜八時二二分発の一二一次京寧直快に乗り、青海省の西寧を目指した。この一二一次は北京と西寧を結ぶ唯一の直通便だ。所要時間は四三時間余りで、ほぼ二昼夜の旅になる。軽い夕食をとった北京飯店から北京駅まで送ってくれた若いタクシーの運転手は、駅前で心配そうに駐車場を探している。どうしたのかと尋ねると、どうやら私の荷物をホームまで運んでくれるらしい。今までの旅行では経験したことのない親切に出会い、久しぶりに心が温かくなった。いい旅になりそうだ。

私の乗ったコンパートメントの客は、洛陽で下車する日本の旅行団の中国人通訳と、洛陽での会議に出席する中年の男性、それに蘭州まで行く人の良さそうな雲南建工局の総工程師の三名だった。私は持ってきた西川一三《にしかわかずみ》氏の『秘境西域八年の潜行』(芙蓉書房、一九六七年)をあらためて読み始めた。青海、寧夏と未知の世界に向かう高ぶった気持ちが、ここ二カ月余り続いている旅の疲れを忘れさせてくれるようだ。

部屋の外の通路に面した席で本を読んでいると、隣の部屋の日本の方たちからウイスキーと日本酒までご馳走になり、三時間近く話が弾んだ。

翌八月二一日は七時に目が覚めたが、昨夜の酒が残っているようで頭が重い。四毛(約五〇円)のラーメンの朝食をとるが、あまり食は進まない。喉も痛くなってきた。いつも旅のはじめには体調が悪くなるが、多分に精神的なもので、普通は二、三日の辛抱で回復する。一〇時半ごろ日本人団体は洛陽で列車を降りた。お互いの無事を祈って別れた。昼を過ぎたころから雲行きが怪しくなり、やがて雨になった。しばらくは読書と昼寝で優雅なときを過ごした。これも長い旅の楽しみの一つである。夕刻六時四〇分ごろ西安駅に着いた。つい一週間前に訪ねたばかりだと思うと、ここしばらくの慌ただしさを実感した。夕食はピーマンと肉の炒め物、スープと白飯で八毛（約一〇〇円）と、とても安いがとてもまずい。少し早く一〇時に床についた。

西寧から青海湖畔へ

列車で迎えた二日目の八月二二日の朝は、七時に目覚めた。少し肌寒いが喉の調子は少しずつ良くなってきたようだ。このぶんだと今回の一人旅も大丈夫だろう。窓の外は樹木のまったく見られない赤茶けた山並みと、よく耕された段々畑が延々と続いている。これが甘粛の風景なのだろう。予定より一時間半の遅れで昼前に列車は蘭州駅のホームに静かに入っていった。

北京からずっと一緒だった雲南建工局の周延豊氏とも、洛陽から同席した青年ともここで別れた。私の目的地はさらに向こうだ。蘭州はもう何度か訪ねた地だが、ここから先に続く青蘭線はまったく未知の世界だった。期待に胸をふくらませていると間もなく、ちょっと怖そうな老婦人がドアを開いて私の目の前の席にどっかりと腰を下ろしたのだ。これから憧れの西寧まで一緒かと思うと一瞬憂鬱な気分になったが、実は彼女は一人ではなく主人と孫の三人連れだった。チベット仏教寺院のタール寺を参観の旅だそうで、話してみるとなかなか感じのいい人だった。主人は退役した解放軍幹部で、私に持参したスイカをご馳走してくれた。

蘭州を過ぎて一時間二〇分ほど走ると、河南口という駅についた。ここは北京―ウルムチ線と交差するところで、ここから西は青海と思うと軽い興奮を覚えずにはいられなかった。線路の左には黄河の支流湟水《こうすい》が濁流をたたえている。線路に沿って続く道路には刈り入れの終わった麦をいっぱいに並べ、走り去るトラックをはじめさまざまな車の力を借りて脱穀する気の遠くなるような光景が延々と続いていた。列車はますます遅れて各地で臨時停車を繰り返し、結局二時間余りの遅延で午後五時半に西寧駅に着いた。北京を発って四五時間が過ぎていた。日本にいれば東京と大阪間の三時間足らずにもイライラする自分が、二日間の列車の一人旅を退屈とも苦痛とも感じないことに、ほんの少し感動するとともに、これが二年間の中国暮らしのなかから生まれた余裕であって欲しいとも思った。

高原の町西寧は青海省の省都で大都会だが、海抜高は二二〇〇メートルを超えている。蘭州よりも一二〇〇メートルも高い。太陽はまだ西の上空にあるが、肌寒い。三輪オートバイのタクシーに乗り、西寧賓館に向かった。宿に着いてすぐ、館内にある旅行社へ行き目的地のタール寺への旅行許可証の代理申請を依頼した。ここで同じような手続きをしている外国人青年に会った。西寧までの列車のなかで何度か見かけた彼の名はレナード・クラウスというアメリカの青年だった。日本で四年間歌舞伎

道路に並ぶ麦

や狂言を学んだという、日本語も堪能な楽しい青年だった。話しているうちに意気投合し、これから数日間の行動を共にしようということになり、早速ツイン部屋を取った。夕食の後八時過ぎに旅行社を訪ね、四〇分ほど待ったところで公安局から青海湖とタール寺の旅行証が届いた。青海湖については北京を発つ前には許可が下りないという噂を聞いていたので、ことのほか嬉しかった。翌日の早朝にこのホテルから一泊二日のマイクロバスでのオプショナルツアーが出るそうなので、二人で参加することにした。その夜は明日からの期待に胸をふくらませながら遅くまで語り合った。

翌二三日の朝は、レナードの「上から読んでも、下から読んでも山本山のお茶をどうぞ」と言う声で目を覚ました。なんと彼が持参したお茶を入れてくれていたのだ。感激しながら久しぶりにうまい日本茶を堪能することができた。

ホテル前からバスは八時四五分に出発した。乗客は私のほかにやや年を食った二人の日本人男性、二人の西独女性、スイスの若いカップル、一人のアメリカ青年のほか十数人は香港からの学生だった。エールの交換や議論に花が咲き、これからの小旅行も楽しくなりそうだ。

一一時ごろ、湟源《こうげん》にある清真寺（イスラム寺院）を参拝する。ここ湟源は西寧から青海湖を経て遙か新疆方面に向かう途中の大きな町で、バス停付近には雑貨屋や食堂も並び、一応のにぎわいを見せていた。戦時中にここを訪ねた西川一三氏は『秘境西域八年の潜行（上）』のなかで、この湟源の町を以下のように紹介されている。

イスラム教寺院のある湟原の町

ドングル（丹噶爾）は旧名で今は湟源《ハングワン》と呼ばれ、昔は羌戎の地で民国以後県政省が置かれ、住民の大多数は漢、回が占め次いで少数のタングート、蒙古人が雑居し、人口七、八千を有する西寧以西で最大の街である。昔はなかなか美しい街であったそうだが、馮玉祥が青海、甘粛両省長に就任したおり、回教徒弾圧のため乱暴にも市街の半分を焼き払ったという。今なお復旧されていないので、城内にはいれば県衙門（役所）、郵便局、小学堂とひと通りはあるが、埃っぽい迷路のような狭い道の両側には多くの低い小さな商店が軒を連ね、崩れ落ちた家屋は、まったく土色の一色で塗りつぶされているゴチャゴチャした、汚い街の印象を旅人に与える。

しかし外観にも似ず、この街以西はタングート、蒙古人の遊牧地帯となり、その遊牧地帯へのちょうど門戸となっている地理的要地を占めている関係上、交易のため遊牧地帯から集まってくる蒙古、チベット族の旅人も甚だ多い。

西川氏の通られたころと、それからほぼ四〇年を経た今日の状況との間にどれほど大きな変化があるのか、ほんの一時の通過者に過ぎない私には理解できないかもしれないが、街の前を流れる河で洗濯する婦人の姿や、埃っぽい赤茶けた家並みに時間の差は感じられない。ただそこで生活する人たちの目の輝きにまで心を配る余裕をもたなかったことが心残りではあったが。

清真寺から少し下ったところの清真食堂で牛肉ラーメンを賞味した。清真とはイスラム教を意味する言葉で、この名の付いた食堂にはもちろん豚肉料理はない。

青海湖とタール寺

湟源での昼食の後、青々としたなだらかな丘陵いっぱいに黒いヤクと白い羊の群れが草を食むのどかな光景を横に、バスは青海高原を快適に進んでいった。道の両側には羊囲いをもつ土作りの民家が点在している。このあたりの海抜は、まだ二二〇〇メートルから二三〇〇メートルで、小麦や裸麦などの穀物栽培も可能なところだ。土作りの家々は半農半牧の定住しているチベットの人たちの住まいである。

人家が途切れ、急な坂道にさしかかってしばらく行くと、西方に峠が見えてきた。『漢書』にも「赤嶺」の名で登場する日月峠（三五〇〇メートル）だ。峠の北側にはオボ（シャーマニズムに由来するもので、天地神を祀る祠のようなもの）が一つあり、遠くには烽火台《ほうかだい》も見える。バスを降りた私は軽い頭痛を感じながらも、遙かここまで訪ねることができたという感動の方が強く、カメラを片手にあたりを歩き回った。

西寧から一三〇キロの青海湖の畔には午後二時半ごろ着いた。まさかこんなに簡単にククノール（青海湖）の湖畔に立てるとは思っていなかっただけに、琵琶湖の七倍もあるその広い青い水平線と、それにも増して碧い空の色にただ目を見張るのみだった。遠くチベットのラサの地中深くにあった湖が、老ラマの予言によってこの地に押し寄せてきた、という青海湖伝説が頭に浮か

日月峠にあるオボ

んできた。湖畔では蘭州から数カ月がかりで自転車を使ってシルクロードを踏査しているという蘭州大学の学生たちとの交流会が始まり、この湖で捕れた珍魚の湟魚《こうぎょ》と白酒《パイチュー》をご馳走になった。

その後チベット人のテントを訪ね。ザンパ（麦焦がし）とバター茶の接待を受けた。お定まりのコースだろうが、チベット人の生活習慣に関心をもっている私にとって、とても意義深い時間だった。

私たちが一夜を過ごす宿

広大な青海湖

蘭州大学の学生たちとの交流会

は、共和県の牧場の一角にあった。簡単な施設で、部屋には裸電球の下にベッドが一つあるだけだった。高原の天気の変化は早い。近くの子供たちと話していると、彼らはもうすぐ雨が降りだすだろうと言う。その後間もなくにわかに空が暗くなり、雨ではなく霰《あられ》が降ってきた。朝、念のため西寧を発つとき厚めのジャケットを借りてきたのは正解だった。一年のうち、最も過ごしやすいはずの夏の夜にこの寒さである。夜半に強い風と霰の音を耳にしながら冷たいベッドに横になった。

翌八月二四日は七時に旅行社の張さんの声で目を覚ました。実は、夜は寒くてなかなか寝付かれず、明け方になってやっと足元が暖かくなりうとうととしたところだった。外に出てみると、遠くの山々はうっすらと雪化粧しているではないか。緑の草原と白い雪のコントラストが幻想的な光景をかもし出していた。朝食の後、マイクロバスは再び湖畔へと向かった。

湖畔から少し草原に入ったところにチベット人の小さい集落があった。泥の壁で囲まれた村の外に、ラマ（チベット仏教の僧侶）のテントが二つ張られていた。一つは就寝用でもう一つは日中の生活のためのものらしい。人のよさそうなラマが数人暗いテントのなかから現れると、レナードはチベット語で彼らに話しかけた。なんとレナードのチベット語は、通じるではないか。レナード自身も驚いていた。日本で習ったチベット語なので現地の人と話す機会は、それまでまったくなかったのだ。そのうちに村の家々から続々と、本当に続々と老若男女が姿を見せはじめた。チベッ

人なつっこいチベットの人たち

トの人たちは恥ずかしがり屋が多い反面、人なつっこくて明るい人が多い。

午前中の湖畔の散策を終えて一路タール寺を目指した。前日訪れた湟源で昼食をとり、バスは白楊の並木の田舎道をひたすら東に向かった。道端の民家には回族が多く、白い帽子の老人と「清真」の幟のはためく食堂が目立っていた。

タール寺は北、西、南の三方を囲まれた谷を挟んで、山の斜面まで多くの僧舎が建ち並んでいる。車はこの寺の象徴でもある八塔の前で止まった。参拝時間が短いので急いで入山料を購入して山内に入った。この寺の歴史は、明の洪武一二年（一三七九）にチベット仏教中興の祖ツォンカパ（一三五七〜一四一九）の母親が彼の生誕地に建てた記念の宝塔に始まる。この塔は寺の中心的建造物である

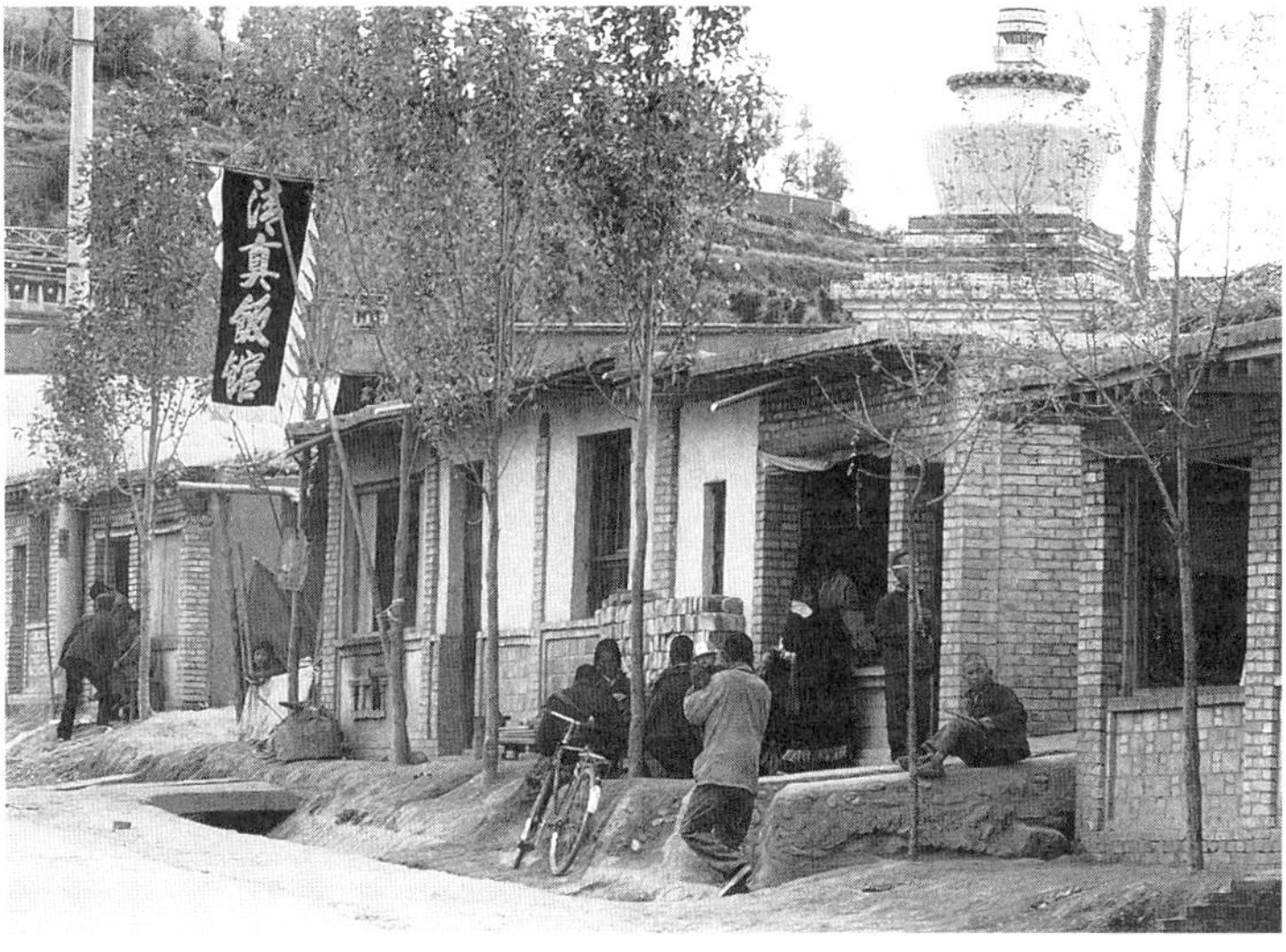

清真飯館

大金瓦殿のなかに現存している。その後寺勢は増し、チベット仏教黄帽派（ゲルグ派）の六大寺の一つとなった。全盛期には僧は三六〇〇人を超え、大小の殿堂が五二、教堂、僧舎九千三百余間を誇ったといわれる。今も多くの建物は並び、大金瓦殿や小金瓦殿の金色に輝く甍がまぶしい。現在ここで修行生活をおこなっているラマは老若合わせて五〇〇人余りもおり、朝夕の礼拝時には大経堂に会して読経をおこなう。一七一七年に建った花寺は、ツォンカパの母親が休まれたところを記念して造られたものらしい。また中国仏教協会の名誉会長の地位にある第一〇代パンチェン・ラマも幼少のころをこの寺で過ごしたが、ラサ潜入以前（昭和一九年〈一九四四〉）に西川一三氏が、蒙古ラマ「ロブサン・サンボー」としてここに滞在していたとき、まだ六歳の

タール寺前の八塔

パンチェン・ラマの推戴式に遭遇したことが彼の記録に残されている。

すべてを悟り尽くしたような老ラマ、あどけない顔で戯れる幼いラマ、無心にマニ車を回す老婦人の姿に、あらためてタール寺までたどり着いた感慨が湧いてきたが、バスの集合時間に追われ、ゆっくりとはできない。翌日あらためてゆっくり訪ねることにして、ひとまず西寧まで引き返すことにした。

タール寺での別れ

西寧滞在の最後の八月二五日は、チベットのラサを目指すレナードの旅立ちの準備を手伝った。まず街中の百貨店に行き、濃紺の人民服とカバンを購入した。彼の愛用のリュックを覆うための布も求め、装備はばっちりである。しかし、彼は青い目で中国語はほとんど

あどけない少年ラマ

ど話せない。だが、そんなことは気にしていないようだ。いざとなれば得意のパントマイムと、中国の友人にメモしてもらった言葉を連発して許しを請う算段のようだ。時間の余裕があればこのアドベンチャーに付き合いたいが、なにしろ帰国まであと一カ月しかない。残念だが諦めるほかはない。

昼前にレナードと共に再びタール寺に向かった。二〇キロほどの行程だが、おんぼろ乗り合いバスでたっぷり一時間はかかった。彼は山内にある旅行者のための宿にしばらく滞在して情報を仕入れ、なんとしてでもラサに向かいたいと熱く語ってくれた。成功を祈って日本での再会を誓い、宿の前で別れた。帰国後の一〇月中旬、日本の私のもとにラサから彼の手紙が届いた。一カ月余りの苦労の末にたどり着いたラサでの感激ぶりが行間からにじみ出ている文章だった。

私はどうしてもタール寺の全景を目にしたくて、北の丘をあえぎながら登った。眼下には黄金色に輝くツォンカパ殿（大金瓦殿）、護法神殿（小金瓦殿）をはじめ、多くのゴンパ（僧院）が両側から迫る谷間と斜面に隙間なく建ち並んでいる。自分がタール寺を見下ろすこの高台に立っていることと自体信じられないほどの感動を覚えながら、しばらくそこに立ちすくんでいた。

どのくらい時を過ごしただろうか。やがて斜面を下り門前に建ち並ぶ商店に入り、チベットの香りの漂う品々を見ながら、まだ訪ねたことのないラサの風景に思いを馳せた。観光客も少なく静かななかに、遠くから太鼓とドラの音が聞こえてきた。その音に引かれながら山内に入ってゆくと、大教堂の北の一角の二階で法要がおこなわれているようだった。

ツォンカパ殿では、数人のラマが五体投地の礼拝をおこなっている。仏殿の前面の板間は窪み、まるで波打っているかのようだ。前日出会った若いラマは、その日も黙々と投地を続けている。数珠を繰りながら堂を右繞《うにょう》する僧もいる。風鐸の音とドラの響きと、ラマたちの投地の音と、マニ車を回す音のほか何も聞こえない。たった一人の闖入者《ちんにゅう》の私も、もとはと言えば彼らと同じ密教系宗派の僧籍の末席を汚す身でもある。彼らと一体になることを願ってしばし礼拝を続けた。

隣の弥勒仏殿の前で二人のラマに会った。あまり流暢でない中国語で話しかけてきたわけは、私のカメラで手に持った小さな曼荼羅《まんだら》の写真を撮ってほしいということらしい。ここには一枚しかないので自分たちが自由に拝めるものが欲しいとのことだった。私にとっ

曼荼羅と二人のラマ

タール寺の全景

ては、タール寺でのこのうえない布施である。これも先ほどの礼拝のおかげかと喜んでシャッターを切った。この写真は、帰国後引き延ばして老ラマ宛に送った。もちろん返事は来なかったが、今頃タール寺の僧院の一角で、私の撮影した曼荼羅を礼拝する善良なラマたちが何人かはいるのだろうかと思うと幸せで豊かな気持ちがわいてくる。

大教堂はほとんど暗闇のなかにあり、わずかなバター油の灯明に映し出された無数のタンカ（礼拝用の仏画）、仏像、それに供えられたカタ（白い布）を見ると、堂内には一人のラマもいないけれど、信者たちの、ラマたちの生きた熱気のようなものがひしひしと伝わってくる。

夕暮れ近くなったので、残念だが下山しなければならない。途中で夕べの法要に参列するためだろう、先ほどまで戯れていた幼いラマたちが高い帽子を頭に、神妙な面持ちで上ってくるのに出会った。もし機会があればまた戻ってきたいという思いいっぱいで、砂埃にかすみ小さくなってゆく八塔を何度も振り返りタール寺を後にした。

それから一六年後の平成一一年（一九九九）五月、再びこのタール寺を訪問する機会に恵まれた。日中共同の青海省シルクロード調査の協定書を結ぶために西寧を訪ねることになったからだ。昔のイメージを頭に抱きながら久しぶりに訪れた省都西寧はみごとに様変わりしていた。町を囲む明代の城壁は取り壊され、高層アパートが建ち並び、タール寺の埃っぽい門前町は舗装され、しゃれた土産物屋が軒を並べていた。それから三年間、毎年夏の約一カ月を青海省で過ごした。その間何度もタール寺に足を運び、また調査終了後も青海通いは続いている。私にとって通い慣れた広い中国のなかでも、ここ青海省はとりわけ大切な、いわば第二の故郷といっても良いところになったようだ。

寧夏回族自治区から再び内蒙古へ

寧夏回族自治区

蘭州から寧夏へ

青海省への感動的な旅を終えた帰途、あと一カ月に迫った帰国への準備が気がかりではあったが、さらに外国人にとってはつい最近まで開放されていなかった未知の地、寧夏回族自治区を訪ねることにした。

一九八三年八月二六日、青海省の西寧から東への旅が始まった。蘭州行きの列車は、私の記憶では八時二六分発のはずだけれど、時刻表には八時と書いてある。ここで時刻表を信じられない自分自身に、戸惑いと一抹の寂しさを感じたが、これもこの国で二年間旅を続けたなかで学んだことの一つだろうと一人で納得する。念のため少し早めに出発しようと、宿にしていた西寧賓館の前の通りをバス停まで急いだ。七時過ぎの通りは通勤のための自転車と、すし詰めのバスがひっきりなしだが、バス停にはまったく止まってくれない。ほとんどが会社の通勤バスだったのだ。待つこと三〇分、やっと乗車できたものの満員で身動きすらできない。駅に着いた途端、前方の乗降口近くにいた私は、重いリュックと共に道路に突き飛ばされ、ぱったり両手をつき惨めな姿になったが誰も助けてくれない。それどころか誰かの足が体の上を踏んで行くではないか。一瞬呆然となったが、後部の降車口から下りてきた香港の若い女性が走ってきて、リュックを持ち上げ「大丈夫ですか」と助けてくれた。幸いかすり傷程度だったが、しばらくたつと怒りがこみ上げてきた。しかし、まだまだ旅慣れていない自分のふがいなさもあると思い直すことにした。

列車の出発時間は微妙な八時二八分だった。一等寝台を座席として使用する車両だったが、ほかに客はいない。新しい白いシーツの上で寝転がり、静かに読書で過ごした。蘭州駅に着いたのは午後一時半だった。この半日の列車の時間はまさに至福の時だった。

黄河の流れに沿って長く広がる蘭州の町は古くから東西交易の町として栄え、今もさまざまな民族衣装で着飾った人たちが往来する姿は、私たちの旅情をそそるに充分だ。これまでにも幾度か訪ねたこともあり、市内の中央の博物館近くにある友誼飯店に行くのに時間はかからなかった。旅の宿はいつも飛び込みだが、うまく交渉すれば、よほどのことでない限り一夜の宿は確保できる。フロントで交渉していると、なんと浴衣を着た日本のおばさんたちが行き交っているではないか。どうも日本舞踊の団体らしい。こちらには関係ないのだが、彼女たちに注がれる周囲の視線を感じるとなぜか照れくさい。

翌日は寧夏回族自治区の銀川《ぎんせん》に向かうつもりでその方法を思案していると、ちょうど土曜日なので飛行機便があることを知った。早速市内の航空会社のオフィスに向かった。鉄道走行距離を延ばすことを目指していた私は、よほどのことがない限り飛行機には乗らなかった。しかし帰国までの日数を思うとそうもいっていられない。かつて湖南省の南昌から北京までの長距離を飛行したとき、なぜか窓口の人が留学生は中国人料金（当時は外国人料金の半額ほど）で良いとチケットを安く売ってくれ（実際は航空運賃に関して留学生料金は設定されていない）大いに感激したことがあった。以来、いつかは役に立つことがあろうかと、その半券を財布の奥に忍ばせていたが、そのときがやってきた。私は窓口で切符を注文する際にその半券を見せながら交渉すると、いとも簡単に安いチケットが手に入ったのだ。ちなみにその料金は外国人は四三元（約五五〇〇円）で、私つまり中国人料金は二〇元（二六〇〇円）だった。これは列車の一等寝台料金よりも安い。この旅の後半は何か良いことがありそうな予感さえしてきた。

飛行機は翌日の朝七時発と早いので、航空会社のリムジンバスは夜七時に市内を出発するらしい。実は蘭州空港は七〇キロも離れたところにあり、中国ではチベットのラサに次いで二番目に遠い空港なのだ。早速ホテルに戻り、今夜一泊のキャンセルの交渉をした。結局半額を払うことで交渉は成立し、荷物をまとめてロビーでタクシーとの約束の六時まで待つことにした。一息ついたところで、前日の昼から丸一日一度も食事をしていなかったことに気づいた。いつも時間のずれで食堂に入れなかったのだが、不思議にも腹は空いていなかった。たぶん気分が高揚していたからだろう。リュックに残っていた非常食をほおばりながら友人に手紙を書いていると、誰かに声を掛けられた。振り返ると北京大学のクラスメートの刑軍君《シンジュン》ではないか。蘭州での学会に参加しているそうで、しばらく談笑してお互いの幸運を祈って別れた。彼は後に来日し東京大学に留学し日本文化を学んだが、私にとっては帰国後も交流の続いた仲間の一人である。

約束どおり六時に迎えにきたタクシーで航空会社のオフィスまで行き、乗り換えたリムジンバスは定刻どおり七時に出発し、空港に向かった。周囲の荒涼とした風景は、三年前初めて中国に来たとき受けたカルチャーショックの一つとして脳裏に焼き付いているが、中国各地の景色に慣れ親しんだ今でも、これは強く心に感じる風景だ。空港に着いたのは八時半。明朝のことを考えて空港に近い第一賓館に荷を解くが、なんと飛行機の出発は正午に変更と言うではないか。しかし、もうあまり驚かない。久しぶりにゆっくりと湯船につかり、翌日からのドラマに思いを馳せながら床についた。

西夏の都、銀川

八月二七日の朝食は、宿にした第一賓館の食堂でとった。久しぶりに食堂での食事だったが、ここは三年前に酒泉に向かう旅で昼食を食べた懐かしいところだ。飛行機の出発までには充分時間があるので部屋に戻り、友人たちに葉書や手紙を書いて時間を過ごした。

一一時過ぎに宿を出て、空港の待合室に向かった。三〇分ほど経つと敦煌からの飛行機が到着し、日本の老人の団体が降りてきた。この飛行機が銀川、包頭《パオトウ》を経由して北京へ行くのだ。出発予定の一二時二〇分を二〇分ばかり遅れてソ連製のイリューシン機は飛び立った。ここからの乗客は、私のほかにアメリカの十人余りの団体と数人の中国人だった。飛行機はガタガタと不気味な音を立てながら一時間余りで銀川空港に着いた。

とうとう未知の地にやって来たのだ。胸の高まりを押さえることができなかった。この空港で降りたのは数人の中国人と、外国人は私一人だった。中国民航のリムジンバスは私一人を乗せて市内にある第一招待所に向かった。この貸し切りバスの運転手は、昨年新疆のウルムチからやって来たばかりという話し好きの人の良さそうな青年だった。空港は新しくできた新城にあり、バスはもとからの市街地にある老城を目指した。老城の西門を入るとすぐに寧夏回族自治区の人民政府があり、イスラム教徒の街らしく白い帽子の男性と清真食堂の看板が目につく。埃っぽい街だが、中国人街と違って清潔な印象を受けるのは他のイスラム教徒の街と同じだ。ここで自治区について少し説明しておこう。中国は二一の省と五つの自治区と三つの特別市の行政単位に分けられている（現在は二二の省、五つの自治区、二つの行政特区、四つの特別市）。最も数の多い省は漢族が中心の社会だが、自治区は少数民族の自治が認められている地区である。そのなかでここは回族つまりイスラム教徒による自治がおこなわれているところというわけだ。しかし実際のところはそんなに簡単ではないことは、チベットや新疆で起きる問題が物語っているとおりだ。親切な運転手の青年は、私を招待所の服務台まで案内し、宿賃について私が交渉していると、そばで「ここは最近開放したばかりなので条件が良くない」とまるで自分の責任のようにすまなさそうに私に話しかけた。結局部屋は風呂なしで六元（七八〇円）というところで交渉成立。ベッドは三つ並んでいるが清潔な感じの良い部屋だった。リムジンの青年は、私が部屋に満足するのを確認してから去っていった。まったく私心のない素朴な青年だった。中国にはこんな青年もいるのだ、とここ数日の厳しい旅を振り返りながら思った。

この銀川市は寧夏回族自治区の首都だが、外国人旅行者に開放したのは青海省と同じでつい二カ月前の六月からだった。そのため行動には制約があり、自由に歩き回ることはできない。中国旅行社の中年女性から紹介された外事弁公室の郭迎麗《かくげいれい》さんという若い女性が私の案内兼通訳と監視役だった。なかなかの日本語で吉林大学の日本語科を卒業したそうだが、なんと私の親しい敦煌文物研究所の劉永増氏とは大学の同級生とのこと。まさに奇遇である。彼女の案内で市内の承天寺内にある博物館の見学からスタートした。

博物館の最初の第一室には寧夏各地で出土した古代からの遺物が並んでいた。この銀川はあの西夏王朝（一〇三八～一二二七）の都興慶のあったところだ。漢民族が建てた宋代に、甘粛省から黄河中流域のオルドス地方に起こったチベット系タングート族の王朝で、ここは井上靖の小説『敦煌』でも主な舞台となった街でもある。銀川に来た私の最大の目的は、郊外にある西夏王陵を訪ねることだったので、展示室に並ぶ関連の遺物やパネルは、いやがうえにも心をはやらせた。自治区博物館の書記の馬青氏《ばせい》とも意見を交換し、手持ちの法隆寺の報告書を進呈した。私にしてみれば、明日どうしても王陵を見学したいという一心でお願いしてみるが、外国人に対して行動許可が下りているのは銀川市内のみ、ということでなかなか難しいらしい。結論は翌日の朝ということで、宿まで送ってくれた郭女史と別れ、銀川の宿での第一夜を迎えた。今日の昼に郭さんから、私が銀川に入った第一号の留学生だということを聞いたことを思い出し、満足感と優越感に浸りながら床についた。

翌八月二八日は早めに朝食を終え、かすかな希望をもちながら郭さんを待った。九時過ぎに彼女は申し訳なさそうな顔をしながら部屋に入って来た。やはり西夏の王陵区は許可が下りないらしい。仕方なく予定を変更して市内の海宝塔を見学することにした。モダンな感じのする塼塔だが、正確な建立年代はわからない。伝説では五胡一六国時代（四～五世紀）に創られたらしい。日曜日だったため塔内には入れないということだったが、厄介な手続きの末、参観を許され、責任者の寧氏から親切な説明を頂いた。

午後はもう一度博物館を訪ねようと思っていたが、西夏王陵の見学が許されないことの悔しさもあり、昼食時に飲んだビールの量が重なったこともあり半日ベッドで寝入ってしまった。

銀川最後の八月二九日は早朝六時に起床、七時に出発と慌ただしかった。早い時間にもかかわらず郭さんに加えて旅行社の王さんも銀川駅まで送ってくれた。そして車は「紅旗」ではないか。

海宝塔

最大のサービスに感謝し、将来王陵が開放されたときには再度訪ねることを心に誓ってこの街を離れた。

内蒙古第二の都市、包頭

八月二九日の朝、七時五五分発の列車に乗って包頭《パオトウ》に向かった（一一〇ページ地図参照）。この列車には軟臥（一等席）はなく、久しぶりに硬臥（二等席）になったが、ほかに乗客も少なくゆったりできた。一一時半ごろ、磴口《とうこう》から二人の若い女性が新たな乗客に加わった。内蒙古自治区の首都にあたるフフホト市のガラス工場へ短期研修に行く女工さんたちだった。車内は少しずつ混み始めた。列車食堂で軽い昼食を終えたころ、臨河《りんが》から乗車した中年の紳士が私たちに加わり、話が弾んだ。窓の外には北に向かって延々と流れる黄河の眺めだ。黄河もこのあたりは穏やかな流れで、上流や下流で見るあの荒々しさは微塵も感じられない。午後五時四五分に定刻どおり包頭に着いた。中年紳士は改札口まで私を見送ってくれた。そして彼のアドバイスどおりに私は駅前から市内バスに乗り、街の中心地に向かった。

包頭は内蒙古自治区ではフフホト市に次ぐ第二の都市で、一九五〇年代にソ連の協力で大規模な工業都市として発展させようと計画していたが、両国の冷たい関係が始まり途中で頓挫してしまったらしい。旧市街区の東河区と新しい青山区、昆区の間には畑と草原が広がっている。駅前から長い一本道を満員バスに揺られながら、市共産党委員会の前まで乗った。教えられたとおり包頭賓館に行きフロントで宿泊を申し込むが、これも言われていたとおり、現在開催中の包頭市民族団結大会のため満員で断られてしまった。しかし、幸いにもその場に日本語を勉強しているという服務員の劉冰《りゅうひょう》君がいた。彼は私に道路を隔てた向かい側にある旅社（旅館）を紹介してくれたのだ。比較的新しいこの宿も民族団結大会の客で一杯だったが、劉君の口添えでなんとかベッドにありつくことができた。シャワーはもちろんないが一泊は五元（六五〇円）だった。一階の食堂でとった八毛（一〇〇円）の夕食は決してうまくはなかったが腹の足しにはなった。

七時前に切手を買おうと包頭賓館に行く途中で、ばったりと劉君に会った。ちょうど日本語の授業を受けに行くところだという。同僚の楊君も一緒だ。私の泊まっている宿の五階に教室があるらしい。時間はたっぷりあるし、興味もあったので授業参観をすることにした。生徒は約七〇人で教室一杯だ。半年間のコースで、毎週月曜日から金曜日まで午後七時から九時までの二時間みっちり学ぶらしい。先生は東北地方出身の中国人で、子供のころ日本語を学んだことがあるという初老の方だった。発音には問題があったが、さすが文法はきちんとしていて、私は中学生時代の国語の授業を思い出した。学ぶ生徒は、医者、ホテルの従業員、解放軍の兵士、経理員など二〇歳前後から六〇歳代まで種々雑多だが、その学習意欲はすばらしく、教室は熱気にあふれていた。

授業が終わった後、二人の青年は私の部屋にやってきた。劉君持参のラジカセで私の音楽テープを聴き盛り上がった。しばらくして劉君のガールフレンドで、この旅社の服務員をやっている郭美麗《かくみれい》嬢も参加し、みんなで彼女の美声を聴く。関牧村《グワンムーツン》ばりのアルトで、本当にプロ歌手並の歌声は驚くほどだった。一一時過ぎに彼らは引き上げ、包頭の楽しい第一夜は終わった。

翌八月三〇日は七時三〇分に起床。早速食堂に向かい、持参していた梅干しと海苔とお粥の朝食をとった。今日は五当召《ごとうしょう》のチベット仏教寺院を目指す日だ。昨夜予約していたジープが宿の前に来るはずだが、八時の約束の時間になっても現れない。一五分になって電話してもらうと、三〇分ごろにマイクロバスがやって来た。情けなくなったが再度ジープを依頼すると、三〇分ばかり経って人の良さそうな五〇歳過ぎのおじさんの運転する北京ジープがやって来た。

五当召は包頭から五〇キロ余り東の峡谷にある、と案内書には書かれているが、車で行くと二時間以上かかるという話が当初は不思議でならなかった。しかし、包頭の街を抜けてしばらく草原を走った後でそのわけがわかった。ものすごい道なのだ。いや、道がないのだ。乾ききった川のなかをジープはガタガタと揺れながら走った。車や自転車の轍の跡はあるが、一雨来ればそれも終わりだ。車酔いには自信のある私にとってもこれはきつい二時間だった。

一一時過ぎに目的地の五当召に着いた。三方を山に囲まれた広い谷間に建ち並ぶ白壁の僧院群は周りの松の緑とマッチしてとても美しかった。

チベット仏教寺院、五当召

五当召という寺院名はモンゴル語に由来があるようだ。モンゴル語で「五当」は柳の意味らしい。付近に柳の繁茂する五当溝という川があるが、そこから名づけられた寺名とみられている。周囲は禿げ山ばかりだが、五当召の境内周辺には柳ではなく松が多く見られた。

清代の乾隆一四年（一七四九）に建立された、内蒙古の西部地区では最も影響を与えたチベット仏教黄帽派（ゲルグ派）の寺である。広い寺のなかには、私のほかには途中で私の乗った車を追い越したどこかの単位（会社）の貸し切りバスの一団と数人のモンゴル人と、香港から来た一人の青年くらいしかいなかった。一番手前にある蘇《そ》古沁宮《こしんきゅう》に入ろうとするが、午前中の参観は終わり、扉は閉められていた。しかし幸いなことに団体客がいたために、イスラム教徒の白い帽子をかぶった管理人らしい老人は渋々鍵を開けてくれた。

内部は綺麗に掃除され、美しい絨毯や活仏（チベット仏教の活き仏）の席などに荘厳さは感じられ

五当召への道

五当召の仏殿と僧院

るが、やはり青海省のタール寺とは違い、今は生きていないチベット仏教寺院という印象を受けた。まずチベット仏教寺院特有のバター油の臭いがしないのだ。また不思議なことにタンカも見られない。

境内を散策していると、ところどころで年老いたラマに出会った。そのうちの一人に尋ねると、今ここには十余名の老ラマが住んでいるという。昼食をとった食堂の青年からは二十数名と聞くが、いずれにしろ二〇名前後の年老いたラマたちが細々と法灯を守っているのだろう。かつて最も隆盛していたころには一二〇〇名を超えるラマたちが暮らしていたそうだから、栄枯盛衰を感じる。

五〇を超える僧院には、今はこの寺を管理、修繕をする人たちの家族が住んでいるそうだ。戦時中にロブサン・サンボーという蒙古ラマに身をやつし、チベットに向かった西川一三氏はこの五当召にしばらく滞在しているが、その僧院はどのあたりなのだろうか、気がかりだった。

昼食後一人で向かい側の山に登り、五当召の全景写真を撮ったあと再び山内に戻り、散策を続けた。しかし今は参観の時間ではないので、建物内には入れない。そんなとき、数珠を繰り「オンマニペメフン」と唱えながら一つの堂を回っている信者に出会った。さらに一五歳前後の少年と母親と祖父らしい三人連れもその後を熱心に回っていた。少年は一回まわるごとに母親に促されながら、帽子を取り扉の閉まった鍵にキスをしている。私は彼らの礼拝の光景を目にしたとき、あらためて彼らの信仰心の深さを思った。

静かで落ち着いたこの僧院を去りがたかったが、午後二時半過ぎ再び悪路を引き返すことにした。途中で感動の余りしばらく忘れていた喉の痛みがよみがえってきた。帰りは旧市内の東河区を通り、五時前に宿に着いた。その後、喉の痛さを少しでも解消しようと街に出て西瓜を買い喉を潤した。

夕食の後は昨夜友人になった劉君と約束していた「民族団結記念大会」の音楽会に行った。二時間半の演目は結構楽しく、時間を忘れさせるほどだったが、中国政府の掲げる四つの近代化のための最重要課題である民族団結運動には、客観的に見て彼らの覇権主義、中華思想が見え隠れし、不信感を抱かざるをえない気がした。まったく異なった風俗習慣をもつ五〇を超える民族が、自分たちの自由な世界を築くことは、今の世の中では不可能なことなのだろうか。

翌日、帰路についた。青海省の西寧に始まり、寧夏回族自治区の銀川と、対外開放して間もない町を訪ねる魅惑的な旅は終わった。そしてこの旅は、二年間の中国留学中で最後の長期の旅になった。残り一カ月、あわただしい帰国準備に思いを馳せながら北京行きの列車に乗った。

購入した図書の梱包

おわりに

ここまで私の中国留学時代（一九八一〜一九八三年）の生活と旅について書いてきた。まだこのほかにも雲南、山東、東北地方の遼寧、吉林などへの思い出深い旅があった。当時の北京にはまだ文化大革命の爪痕が各地に残っており、故宮の建物の横には粉々に破壊された石碑の断片がうず高く積まれ、道教寺院や孔子を祀る廟の門扉は固く閉ざされていた。街中に暮らす人びとを見ても、自由になった喜びと、あまりに厳しかった一〇年間の傷がまだ充分に癒えていない、という心のなかの葛藤のようなものが部外者の私にも感じられた。

そのようななかで、北京のみならず中国各地を訪れる二年間の機会を与えてくださった末永雅雄先生、奥田良三知事をはじめ橿原考古学研究所の関係者の方々に心から感謝している。

中国社会科学院考古研究所の先生方、大学の同学の仲間に送られて、充実した二年間の北京での生活に別れを告げてもう三〇年が経った。鄧小平の改革開放路線をもとに、飛躍的な発展をとげてきた中国の動向を固唾をのみながら見守っている。天安門に掲げられた毛沢東の肖像の横に並んでいた華国鋒の肖像は間もなく取り外され、それとともに復権した鄧小平の路線は、一九八九年の天安門事件によって大きく舵の方向が変わっていった。天安門広場に集結する若者たちの主張は、それまでの路線から見れば当然のことだと私は思った。そして懐かしい思い出の長安街や天安門広場で繰り広げられている銃を使った鎮圧の一部をブラウン管を通して目にしながら、悲しみと怒りがこみ上げてきた。しかし、同時にこの大国の長い歴史のなかで繰り返されてきた権力闘争の一コマを眺めるような、冷めた気持ちもあった。

この事件以降、政府は愛国教育を徹底し「八〇后《パーリンホウ》」と呼ばれる新しい世代が生まれてきた。この言葉は中国経済が右肩上がりの八〇年代に生まれ、愛国教育を受けた世代を意味しているが、彼らがこれから社会の中心となって活動する時代が始まろうとしている。この国の動向が私たちの社会に大きく影響をもたらすことは、日々のニュースや経済状況などから明らかである。私は歴史を決定づける最も大きな要素は、その国、または地域の存在する位置、つまり地理だと思っている。

日本の歴史を振り返れば明らかなように、我が国の他国との交流の歴史は、開国と鎖国の繰り返しであった。後漢、三国時代に頻繁に交流していた中国との関係は、三世紀の後半以降途絶える。五世紀のはじめ、「倭の五王」の時代に再び交流が活発化するが、それも六世紀の初めに終わり、六〇〇年の遣隋使の派遣まで公的な交流記録はない。この状態は江戸時代の鎖国、明治時代の開国まで幾度も繰り返されてきたことで、それが可能であったのは、日本がユーラシア大陸から離れた島国であったからにほかならない。新しい文化を積極的にとり入れ、飽和状態になったときに一時交流を休止し、その文化を日本的なものにアレンジしながら高めていったのが、日本文化の大きな特徴であろう。もちろんそのベースには長い豊かな縄文文化があったことは言うまでもないが。

長い歴史のなかで今を見ると、日本はかつて幾度か鎖国をおこなおうとしたときの状況に似ているような気がしてならない。戦後七〇年、民主主義国家として発展してきたこの国は今、岐路に立たされていると言っても過言ではなかろう。しかし、グローバル化した世界のなかでは、かつてのように隔離されたなかで、新しい文化を咀嚼する余裕はない。現在、日本はいままで経験したことのない状況のなかにあると思っている。それを打開してさらに高める最も重要なことは、やはり思慮深い外交であろう。そのためには、政治家、外交官の方々に、この国が歩んできた真実の歴史を真摯に、客観的に学んで欲しいと強く願っている。

本書では私の二年間の留学期間の経験について記したが、その後の三十年余りの間にも五〇回以上中国各地を訪ね、変わりゆく大国の隣人たちと交流をもってきた。その間、政治的にはさまざまな軋轢はあったが、私たちの間にはなんのわだかまりもない。お互いに相手の立場や気持ちを思いやる心があれば、問題はそれほど深刻にはならないと確信している。その基本は政治、外交においても変わらないとも思っている。

中国のほかにも、インド、パキスタン、ネパール、ミャンマー、ラオス、タイ、ブータンほか東アジアの国々を訪ねる機会は多いが、どの国でも、どの地域でも、そこに立ったときに最初に考えることは、もし私がここに生まれていたら、どのような人生を送る、もしくは送っただろうか、ということである。私は日本をこよなく愛する日本人だが、不思議なことにそのとき日本人で良かった、という思いは湧いてこないのだ。そしてそこに暮らす人びとのたくましさ、人に対する優しさ、自然を畏敬する念にいつも圧倒されるのである。そして豊かな自然に恵まれ、際だった外敵の侵入もなく安穏に暮らしてきた歴史をもつ、私たち日本人のモラルや常識と称するものについても考えさせられるのである。

本書は句誌『櫟』の平成一六年四月号から二四年一月号まで連載した旅行記に、若干手を加えてまとめたものである。この出版を快諾してくださった『櫟』の江崎紀和子主宰に厚くお礼を申し上げたい。また出版を快く引き受けてくださった新泉社、写真提供の便宜をはかってくださった橿原考古学研究所に深く感謝したい。

最後に、何足もの草鞋を履きながら、気ままに飛び回っている私を温かく見守り、さらに留守の多い自坊を守り続けてくれている妻マリヤ・レーナに心から感謝したい。

平成二七年一〇月一日

前園実知雄

王仲殊・安志敏先生ほか、考古研究所の方々と

前園実知雄《まえその・みちお》

一九四六年愛媛県生まれ。同志社大学文学部卒業。一九六九年奈良県立橿原考古学研究所に勤務。太安萬侶墓、藤ノ木古墳、法隆寺、唐招提寺など多くの発掘調査をおこなう。一九九八年同研究所資料室長を経て奈良芸術短期大学へ。現在、奈良芸術短期大学教授、公益財団法人 愛媛県埋蔵文化財センター理事長、橿原考古学研究所特別指導研究員、真言宗豊山派法蓮寺住職。一九八一〜一九八三年の二年間、中国へ留学。

主な著作 『日本の古代遺跡 奈良北部』（共著）保育社、『藤ノ木古墳』日本の古代遺跡を掘る五（共著）読売新聞社、『奈良・大和の古代遺跡を掘る』学生社、『吉野仙境の歴史』（共編）文英堂、シリーズ「遺跡を学ぶ」032『斑鳩に眠る二人の貴公子・藤ノ木古墳』新泉社、「高松塚古墳とその前後」『終末期古墳と古代国家』吉川弘文館、「考古学から見た唐招提寺の創建と金堂の建立」『佛教藝術』二八一号 毎日新聞社、「唐代大仏考」『日中交流の考古学』同成社ほか

中国歴史紀行

史跡をめぐる五万キロの旅

二〇一五年一二月二〇日　第一版第一刷発行

著　者　前園実知雄

発　行　新泉社
東京都文京区本郷二－五－一二
電話　〇三－三八一五－一六六二
ファックス　〇三－三八一五－一四二二

印刷・製本　創栄図書印刷

ISBN978-4-7877-1507-4　C1022

シリーズ「遺跡を学ぶ」032

斑鳩に眠る二人の貴公子・藤ノ木古墳

前園実知雄著／Ａ５判並製／九六頁／一五〇〇円＋税

海でつながる倭と中国　邪馬台国の周辺世界

奈良県立橿原考古学研究所附属博物館編／Ａ５判並製／二七二頁／二五〇〇円＋税

森浩一著作集　第1巻〜第5巻

森浩一著作集編集委員会編／四六判上製／各巻三二〇頁前後／各巻二八〇〇円＋税（＊＝既刊）

＊第1巻　古墳時代を考える
＊第2巻　和泉黄金塚古墳と銅鏡
第3巻　渡来文化と生産
第4巻　倭人伝と考古学
第5巻　天皇陵への疑惑